Die 1918 Spanische Grippe Pandemie: Die Geschichte und Vermächtnis der tödlichsten Influenzaausbruch der Welt

Von Charles River Editors

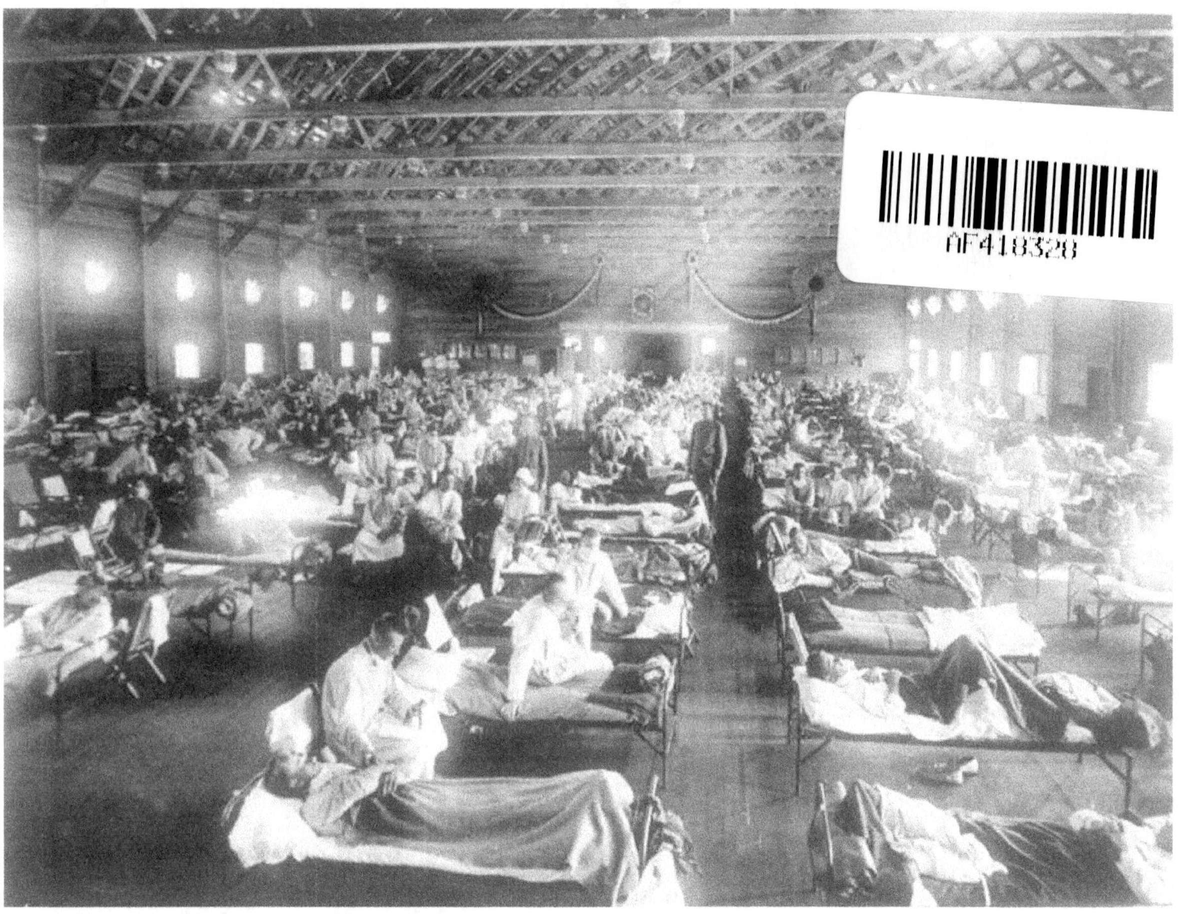

Amerikanische Soldaten mit der Grippe im Jahr 1918 in Camp Funston, Kansas

Vorstellung

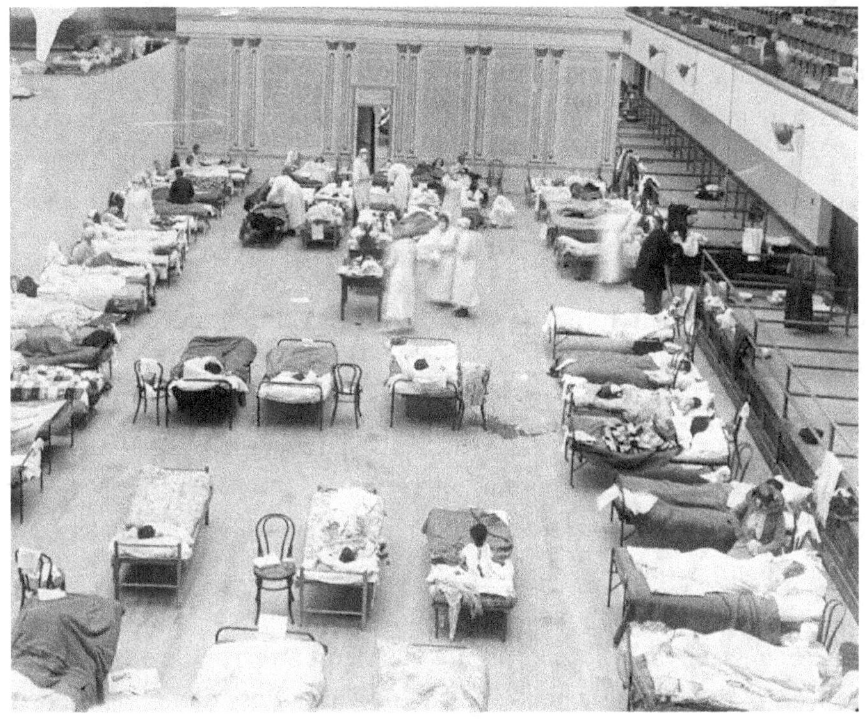

Opfer in einer provisorischen Abteilung im Oakland Municipal Auditorium

Die 1918 Spanische Grippe Pandemie

„Eines alarmierenden Eigenschaften der Pandemie war ihr plötzliches Aufflammen und ebenso ihr plötzlicher Rückgang, erinnert mich an eine Flamme, die leichtes brennbares Material verbraucht und abgeebbt so bald wie das Angebot Materials ausgeschöpft wurde. Es gibt jeden Grund zu glauben, dass innerhalb weniger Wochen nach ihrem Einsetzen, die Infektion universell in der Nase und dem Hals der Leute vorhanden wurde, verbreitet durch Mundspray durch Gespräche von unzähligen Krankheitsträgern und zusätzlich durch Husten und Niesen der Krankheitsträger. Anfälligkeit war sehr generell, obwohl sie stark im Grad variierte. Unter denen, die gut markierte Krankheit entkommen, gibt es wenige Menschen, die sich verstopfte oder laufende Nase, rohes Gefühl im Hals, einen Husten, Beschwerden und Schmerzen nicht erinnern konnten hatten. Zu einem bestimmten Zeitpunkt während der Prävalenz während der Erkrankung, die oben genannten Symptome wahrscheinlich den Preis für diese Personen für ihre Immunisierung bezahlt. Diese Blutsverwandtschaft hatte etwas mit Anfälligkeit zu tun, wurde auf dem Grund aufgewiesen, dass, in einigen Familien, jedes Familienmitglied die Erkrankung in guten markierten Formen entwickelte, während in anderen es gesicherte Infektion gab, obwohl Exposition gegenüber der Infektion geschehen war. Die Älter und die Jungen zeigten sich, im Großen und Ganzen, weniger anfällig." – Doktor Bernard Fantus

In vielerlei Hinsicht ist es schwer für schwer für modern Menschen, die in Erste-Welt-Ländern leben, schwierig, sich eine Pandemie vorzustellen, die um die Welt fegt und Millionen von Menschen tötet. Es ist doch schwieriger zu glauben, dass etwas so normal wie Influenza solch weit verbreitete Krankheit und Tod verursachen konnte. Obwohl die Grippe noch Hunderte von Leben pro Jahr fordert, sind die meistens der Verlorenen sehr jung oder alt oder krank mit etwas anderes, das sie bereits geschwächt hatte. Tatsächlich erkrankt die meisten Menschen Influenza am mindestens einmal und viele Menschen leiden unter die Grippe mehrmals in ihrem Leben und überlebe sie mit Mindestanzahl der medizinischen Hilfe.

1918 war die Welt noch in dem Ersten Weltkrieg, den der tödlichste Konflikt in der Geschichte der Menschheit zu diesem Zeitpunkt war, aber während des Ersten Weltkriegs wäre es ein katastrophaler Krieg nur übertroffen vom Zweiten Weltkrieg. Ein beispielloser Influenzaausbruch, der in dem gleichen Jahr geschah, fügte Verluste zu, dass beide Kriege im Vergleich verblassen würden. Eine Krankheit oder was ist schon eher möglich - eine Sammlung der Krankheiten. Spanische Influenza breitete sich schnell um die Welt aus und über 100 Millionen Menschen getötet könnten haben, deshalb der Bevölkerung in den entwickelten Ländern und die mögliche Auslöschung von bis zu 5% der Weltbevölkerung dezimiert worden hätte. Der andauernde Krieg und die Zensur, die von den Ländern, die sie führten aufrechterhalten wurde, haben möglicherweise dazu geführt, dass die tatsächliche Zahl der Opfer des Ausbruchs aufgrund der Art und Weise, wie die Todesfälle der Soldaten kategorisiert wurden, unterschätzt wurde.

Der Erste Weltkrieg könnte die Menschen über die beispiellose Natur des Ausbruchs abgelenkt haben, aber der alarmierendste Aspekt des Ausbruchs 1918 war die wahllose Natur, in der die Geißel Junger und Älter, Gesunder und Ungesunder, und Reicher und Armer gleichermaßen angegriffen. Tatsächlich der Name des Ausbruchs war ein Bezug auf den spanischen König, der von der Krankheit befallen war. Als er und der amerikanische Präsident Woodrow Wilson diese Krankheit überlebte, überlebte die ehemalige First Lady Rose Cleveland nicht.

Die erschütternde Zahl der Todesfälle und der Weg, dass jeder während der Pandemie leiden könnte. Die Pandemie hat beweist, dass Menschen im Anfang des 20. Jahrhunderts unabhängig von den enormen Fortschritten, die die Technologie gemacht hat und wie viel der Krieg (Der Erste Weltkrieg) zum Stillstand kam, dass niemand vor der Natur sicher war. Natürlich demonstrierte die Pandemie auch, dass mehr Arbeit getan werden können hätte, um ähnliche Vorfälle zu verhindern. Die Pandemie im Jahre 1918 war nicht der erste oder leider der letzte Ausbruch der Grippe, aber sie bei weitem die schlimmste Pandemie in der Geschichte der Menschlichkeit war. Die spanische Grippe hat für immer den Bereich der Medizin und des Gesundheitswesens in Nordamerika und Europa verändert.

Die 1918 Spanische Grippe Pandemie: Die Geschichte und Vermächtnis der tödlichsten Influenzaausbruch der Welt zeichnet die verheerende Krankheit und die Beschädigung, die die Pandemie gemacht hatte, um die ganze Welt auf. Zusammen mit Bildern und einer Bibliografie kann man jetzt über die 1918 Spanische Grippe Pandemie wie noch niemals und im Handumdrehen erfahren.

Die 1918 Spanische Grippe Pandemie: Die Geschichte und Vermächtnis der tödlichsten Influenzaausbruch der Welt

Über Charles River Editors

Vorstellung

Kapitel 1: Die Krankheit genannt Spanische Grippe

„Die Krankheit genannt „Spanisch Grippe" ähnelt normalweise eine ansteckende Erkältung mit Fieber, Kopfschmerzen, Augenschmerzen, Ohrenschmerzen, Rückenschmerzen oder andere Schmerzen in anderen Körperteilen. Die Spanische Grippe hinterlässt auch eine Empfindung einer schweren Krankheit. In den meisten Fällen verschwinden die Symptome nach drei oder vier Tagen und der Patient erholt sich dann rasch. Aber leider entwickeln einige der Patienten eine Lungenentzündung, eine Entzündung des Ohres oder eine Hirnhautentzündung, die meisten dieser komplizierten Fälle sterben. Manchmal sind die Symptome so mild, dass die wahre Kondition nicht vermutet. Die „Spanische Grippe" ist offenbar identisch mit den Influenzaepidemien früherer Jahre. In diesem Zusammenhang weist darauf hin, dass die Pandemie von 1889 – 1891 ihren Ursprung in China hate und nach Russland getragen wurde, wo sie als „Chinesische Grippe" bekannt war. Von Russland aus verbreitete sich in ganz Europa und wurde als „Russische Grippe" bezeichnet. Von Europa in die Vereinigten Staaten eingeschleppt, wurde sie „Europäische Grippe" genannt und schließlich, als sie den Pazifik nach Japan überquerte, wurde sie „Amerikanische Grippe" genannt."

-   Ein Report, den von Rupert Blue vorbereitete, vom United States Public Health Services

Rupert Blue

Eine öffentliche Anzeige der Zeitperiode

Als die Grippe zum ersten Mal ausbrach, hätte sie für die westliche Welt nicht zu einem schlechteren Zeitpunkt kommen könnten. Der größte Teil Europas war seit 1914 in einen Kontinent weiten Krieg verwickelt und die Vereinigten Staaten waren erst vor kurzem beigetreten und wurden mobilisieren noch immer Truppen über den Atlantik zum Kampf (Die Vereinigten Staaten traten 1917 in den Ersten Weltkrieg ein). Im gleichen Jahr war die jahrhundertealte russische Monarchie in der bolschewistischen Revolution gefallen und die Menschen im ganzen Russland hungerten. Doch so schlimm die Lage auch war, das Schlimmste stand noch bevor, denn Keime würden mehr Menschen töten als Kugeln. Als das letzte Fieber ausbrach und das letzte Quarantäneschild fiel, hatte die Welt 3 – 5% ihrer Bevölkerung verloren.

Wie viele Krankheitsausbrüche hat auch die Spanische Grippe ihren Ursprung in bescheidenen Anfängen. Dadurch erhöhten sich ihre Chancen, such auszubreiten und tödlicher zu werden. Tatsächlich war die Spanische Grippe so schlimm, dass sie oft als nichts anderes als eine Erkältung begann, was aus zwei Gründen Schwierigkeiten bereitete. Einerseits dachten viele Menschen, dass sie nicht ernsthaft krank seien und wenden deshalb weiter ihrem täglichen Leben, wurde selbst kränker und machten andere Menschen krank, indem sie mit mehr Menschen in Kontakt kamen. Auf der anderen Seite waren viele, die nur Erkältung hatten, Opfer von Panik, entweder der eigenen, weil sie glaubten, eine lebensbedrohliche Krankheit zu haben, oder von anderen, die sie vermieden.

Was jeder bald erfuhr, war, dass der Patient, wenn die Grippe wirklich einmal eingesetzt hatte, innerhalb weniger Tage gesund oder tot sein würde, und dass es sehr wenig gab, was irgendjemand tun konnte, um das Ergebnis zu beeinflussen. Das war nicht die Grippe, die die Menschen tatsächlich tötete, sondern die Verfahrensweise, in der sie so schwächte, dass eine Pneumonie oder Meningitis einsetzen konnte. Jahrzehnte vorher von der Erfindung von Antibiotika waren diese Krankheiten oft Todesurteile, so dass diejenigen, die sich nur mit der Grippe angesteckt hatten, überlebten, während diejenigen, die Komplikationen erlitten, diejenigen waren, die starben.

Ärzte, die versuchten, Grippepatienten zu behandeln, konnten sich auf reichliche Daten stützen, hatten aber wenig Verständnis für diese spezielle Pandemie. Seit dem 17. Jahrhundert trat die Grippe regelmäßig in verschiedenen Städten auf der ganzen Welt auf, und viele der Ärzte, die 1918 und 1919 die Grippe behandelten, hatten bereits Ende der 1880er und Anfang der 1890er Jahre einen ähnlichen Ausbruch erlebt, während diejenigen, die diese Pandemie nicht erlebt hatten, sie an der medizinischen Fakultät studiert hatten. Obwohl sie mit den Symptomen und Ursachen vertraut waren, fehlten ihnen immer noch die Mittel zur Behandlung, was nicht nur an mangelndem Wissen, sondern auch an der Technologie lag. Infolgedessen mussten die Menschen auf Methoden zurückgreifen, die in der Vergangenheit angewandt wurden, auch wenn sie sich meist als unwirksam erwiesen. Dr. Fantus erklärte, „Angesichts dieser universellen Prävalenz der Infektion war eine Quarantäne zwangsläufig nutzlos. Während dieser Pandemie hatte das Tragen von Gesichtsmasken keine größere prophylaktische Wirkung als der freizügige Konsum von Whisky, dem er oder sie sich zu irgendeinem Zweck hingab, oder die traditionellen Kampfer – Hexen, die an den Hälsen so vieler grippekranker Kinder hingen. Gesichtsmasken waren nutzlos, um vor der Infektion zu schützen, zeigte die Tatsache, dass ausgerechnet Krankenschwestern, denen es besonders wichtig war, sie zu tragen, bekanntermaßen anfällig dafür waren, Opferinnen der Infektion zu werden. Das ist leicht verständlich, wenn man sich vergegenwärtigt, dass die Bindehaut mit der Atmungsschleimhaut zusammenhängend ist und dass das Auge, wenn es nicht besonders geschützt ist, dem Beschuss durch kleinste Partikel in der Luft besonders ausgesetzt ist. Natürlich sind Gesichtsmasken nützlich, um andere Menschen vor einer Infektion durch das Mundspray der Kranker zu schützen.“

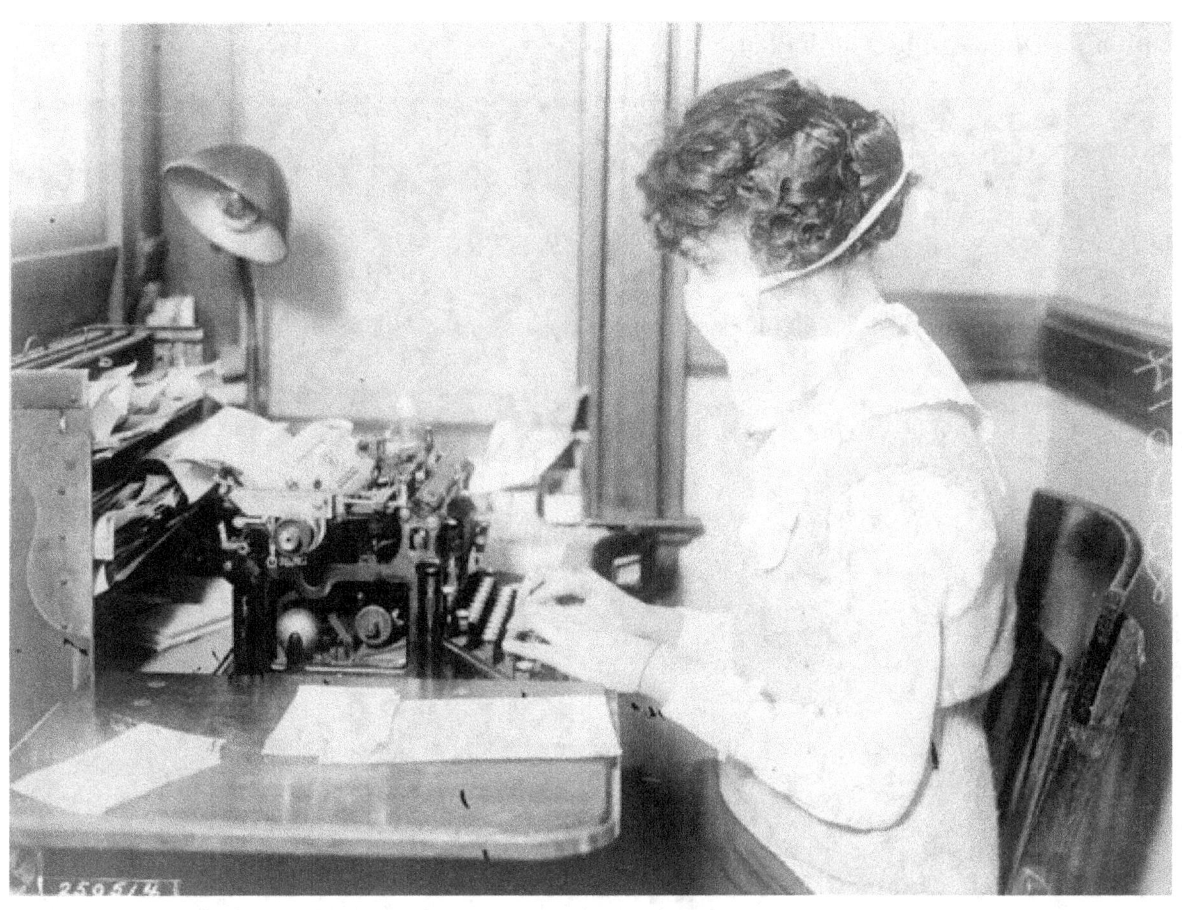

Eine Maschinenschreiberin mit einer Gesichtsmaske im Jahr 1918 in New York City

Kapitel 2: Eine Gruppe von Fällen

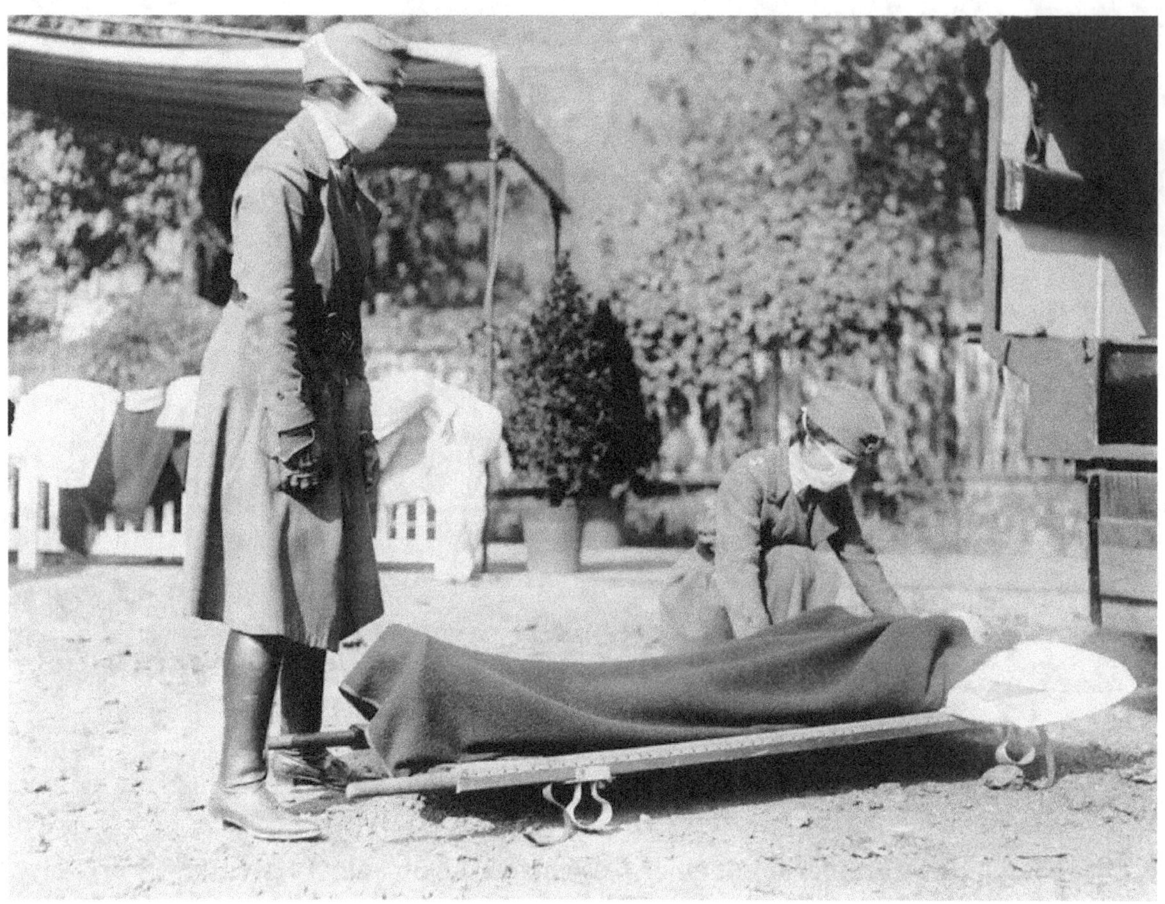

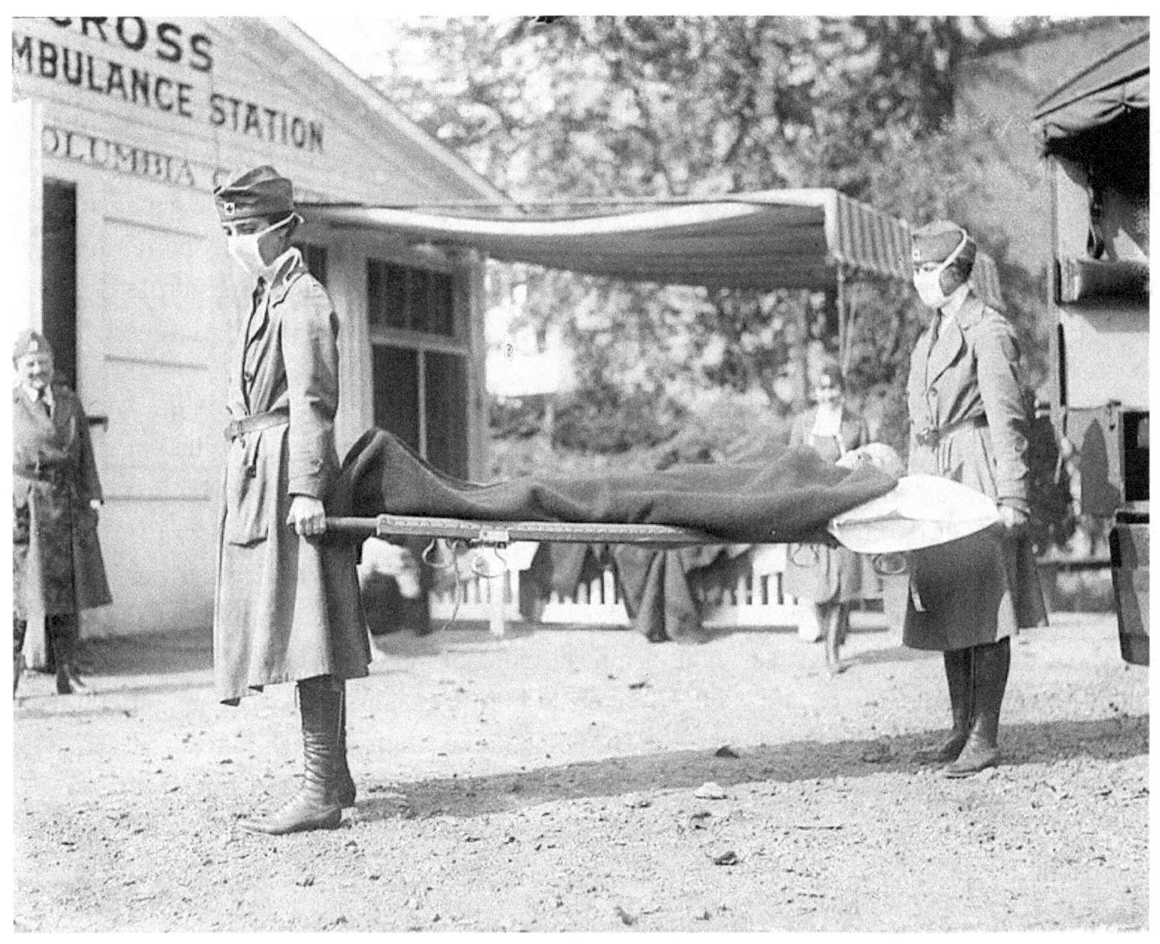

Bilder einer Übungsdemonstration in der Notfallambulanzstation des Roten Kreuzes in Washington, D.C.

„Bis jetzt gibt es noch keine sichere Art und Weise, wie ein einziger Fall der „Spanischen Grippe" erkannt werden kann; anderseits ist die Anerkennung leicht, wenn es sich um eine Gruppe von Fällen handelt. Im Gegensatz zu den Ausbrüchen gewöhnlichen Hustens und Erkältungen, die gewöhnlich in den kalten Monaten auftreten, können Grippeepidemien zu jeder Jahreszeit auftreten; so wütete die neuste Epidemie in Europa im Mai, Juni und Juli 1918 am heftigsten. Zudem sind bei gewöhnlichen Erkältungen die Allgemeinsymptome (Fieber, Schmerzen, Depressionen) bei weitem nicht so stark und plötzlich auftretend wie bei einer Influenza. Schließlich verbreiten sich gewöhnliche Erkältungen nicht so schnell oder so weitreichend in der Gemeinschaft wie die Influenza." - Ein Report, den von Rupert Blue vorbereitete, vom United States Public Health Services

Die erste Frage, die sich bei jeder Epidemie oft stellt, ist, wie sie begonnen hat, und das ist oft schwer zu bestimmen, da viele Menschen sterben müssen, bevor eine Krankheit als wichtig genug angesehen wird, um sie zu bemerken und zu verfolgen. Zu diesem Zeitpunkt ist es in der Regel unmöglich, den biologischen Ursprung des Virus mit Sicherheit herauszufinden. Die

Pandemie von 1918 wurde akribisch erforscht, und viele der Ärzte und Wissenschaftler, die sie untersuchten, kamen zu dem Schluss, dass der Influenzastamm seinen Ursprung in einem überfüllten Armeelazarett im kriegszerstörten Frankreich hatte. Die Theorie besagt, dass sich dieses Virus, wie so viele vor und nach ihm, zuerst bei Vögeln entwickelt hat und dann auf Schweine übergegangen ist, die im nahe gelegenen Heereslager als Proteinquelle gehalten wurden. In ähnlicher Weise glauben andere, dass Arbeiter aus Asien, die in Europa für die Armeen arbeiteten, eine Atemwegserkrankung mitgebracht haben könnten, die sich 1917 in China entwickelt hatte.

Es gibt jedoch auch Probleme mit diesen Theorien, denn zu dem Zeitpunkt, als im August 1918 in Frankreich bemerkt wurde, gab es in den Vereinigten Staaten bereits eine Reihe von Grippefällen, von denen der erste im Januar 1918 in Kansas festgestellt wurde. Dr. Loring Miner beobachtete in seiner Praxis in Haskell County, Kansas, genügend Fälle, um einen Brief an den U.S. Public Health Service zu schreiben, um sie vor einem möglichen Problem zu warnen, aber der erste Ausbruch im großen Stil trat erst am 4. März auf, als Albert Gitchell in der Krankenstation in Fort Riley, Kansas, über grippeähnliche Symptome klagte. Die Krankenschwester hatte gerade erst seine Krankenakte fertig geschrieben, als der Warteraum voller Soldaten mit ähnlichen Beschwerden war. Die Krankenstation behandelte an diesem Tag 100 Patienten vorm Mittagessen und mehr als 500 bis zum Ende der Woche. Innerhalb eines Monats starben 48 junge und ansonsten gesunde Männer, die an der auf die Grippe folgenden Lungenentzündung starben.

Während die Soldaten in Scharen ins Krankenhaus strömten, waren ihre gesünderen Kameraden mit einem eher unangenehmen Aufräumprojekt beschäftigt. Fort Riley beherbergte eine ausgedehnte Kavallerieeinheit mit Ställen für Dutzende von Pferden, und der Dung war monatelang aufgestapelt worden und trocknete den Winter über aus. Als der Frühling näherrückte, befahlen die Offiziere, ihn zu verbrennen, so dass am 9. März der riesige Haufen getrockneten Dungs in Brand gesteckt wurde, gerade als ein starker Kansas – Sturm einsetzte. Der Rauch verwandelte sich in eine beißende gelbe Wolke, die die Landschaft bedeckte und sogar die Sonne verdunkelte, und obwohl der Rauch die Keime, die die Grippe verursachten, nicht hätte verbreiten können, so konnte er doch die Lungen der exponierten Anwohner in der Gegend schädigen und damit alle anfälliger für die Geißel machen.

Wie der frühe Ausbruch in Fort Riley andeutete, bestand der primäre Nährboden für die Grippe aus Heereslagern, die in den Anfang des Jahres 1918 in ganz Amerika ein sprunghafter Anstieg. Die USA war im Oktober des vergangen Jahres in den Ersten Weltkrieg eingetreten und viele junge Männer waren bestrebt, ihren Teil dazu beizutragen und sich dem Kampf anzuschließen. Infolgedessen waren die Lager bald überfüllt mit Rekruten und Service – Veteranen, die aus dem ganzen Land zur Ausbildung herbeigeschafft wurden. Als immer mehr Männer erkrankten, begann die Regierung, Ärzte im ganzen Land umzusiedeln, um sie zu versorgen. Ein solcher Arzt schrieb an einen Freund, „Es ist mehr als wahrscheinlich, dass Sie an den Neuigkeiten dieses Ortes interessiert sind, denn es besteht die Möglichkeit, dass Sie hier zum Dienst eingeteilt werden, daher werde ich versuchen, Ihnen in einer Minute zwischen den Runden ein wenig über die Situation hier zu erzählen, wie ich sie in der letzten Woche gesehen habe. Wie Sie wissen, habe ich in den letzten Jahren in Detroit nicht viel Lungenentzündung gesehen, so dass ich, als ich hierherkam, mit den Feinheiten der Army – Methode der komplizierten Diagnose etwas im Rückstand war. Auch um es gut zu machen, hatte ich in der letzten Woche eine Verschlimmerung meiner alten „Ohr fäule", wie Artie Ogle es nennt, und konnte überhaupt kein Stethoskop benutzen, sondern musste mit meiner Fähigkeit, sie durch mein allgemeines Wissen über Lungenentzündungen auszumachen auskommen…"

In Nachhinein betrachtet war es sowohl kritisch als auch fast unmöglich, den globalen Ausbruch zu stoppen, sobald die Soldaten in diesen Lagern auf Transportschiffe verladen waren, um nach Europa geschickt zu werden, da es sicherstellte, dass die amerikanischen Soldaten es auf ihre europäischen Kameraden und Feinde ausbreiteten, die wiederum darauf zählen konnten, dass sie es auf Häuser und Dörfer auf dem ganzen Kontinent verteilen würden. Infolgedessen entwickelte sich ein Teufelskreis, in dem ein Mann gesund erscheinen konnte, wenn er Amerika abreiste, nur um sich auf dem Weg über den Atlantik mit der Grippe zu infizieren und krank in Europa anzukommen. Dort angekommen, würde er von einem bereits überlasteten medizinischen System behandelt werden, das nach vier Jahren blutiger Kriegsführung erschöpft war, und dabei könnte der kranke Soldat die Grippe auf andere Soldaten übertragen, die, wenn sie nahe genug an der Front lebten, nach Hause geschickt werden könnten, um wieder gesund gepflegt zu werden und die Grippc mit ihm zu bringen.

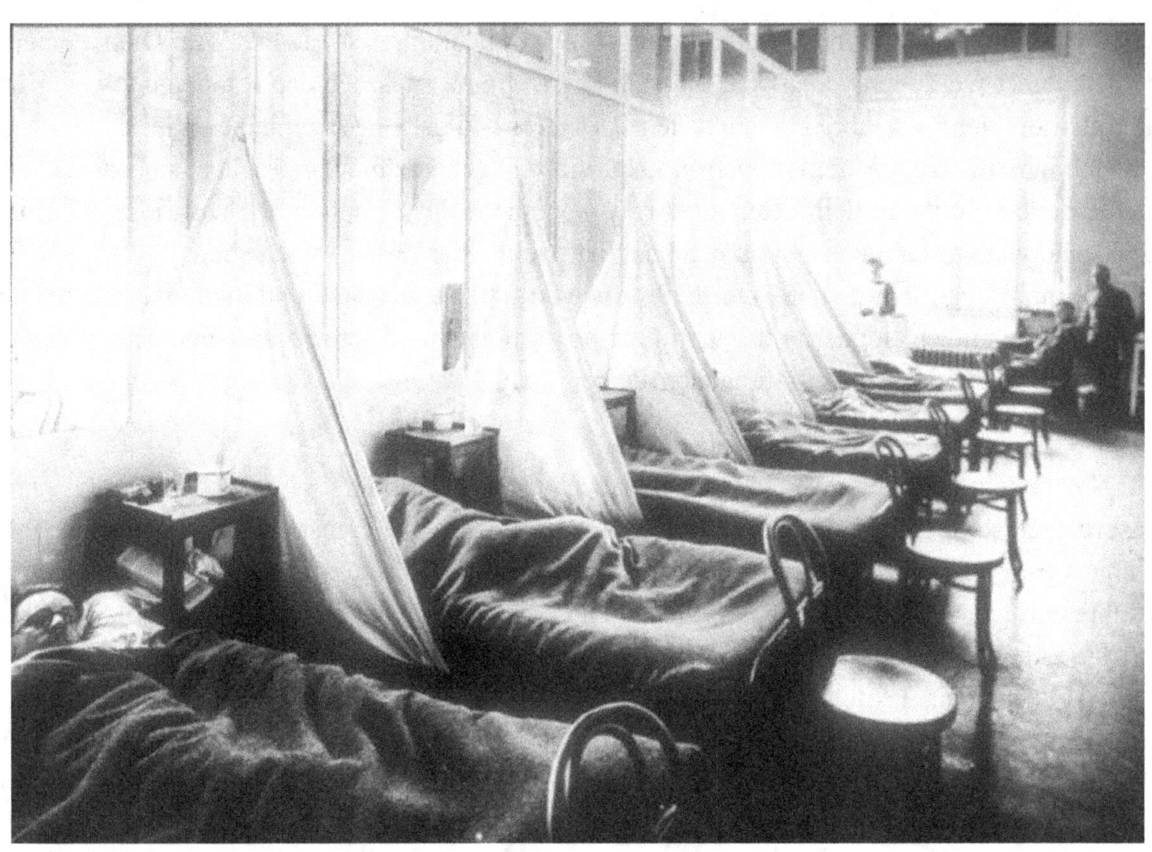

Amerikanische Soldaten mit der Grippe in einem französischen Krankenhaus

Zuerst war das Militär zögerlich, einer Krankheit zuzugestehen, seine Pläne zu ändern, aber selbst Generäle wurden sich bald bewusst, dass etwas getan werden musste, um die Ausbreitung der Krankheit zu stoppen oder zumindest zu verlangsamen. Martin Aloysius Culhane war in der Armee und immer noch in den Vereinigten Staaten stationiert, als er vor einem Freund hörte, der sich kürzlich von der Grippe erholt hatte. Culhane schrieb, „Er hat einen netten Brief von Phil Byrne erhalten, der berichtet, dass er gut zurechtkommt und sich besser fühlt als je zuvor. Seit heute Mittag steht unser Lager unter Quarantäne, um eine Epidemie der Spanischen Grippe zu verhindern. Wir haben bisher keine Fälle gehabt, aber es ist die Absicht der Vertrauensärzte, zu verhindern, dass ein Krankheitsfall auftritt. Alle Männer, die auch nur eine leichte Erkältung hatten, wurden in eine separate Baracke gebracht, die vom Rest der Kompanie natürlich sofort auf den Namen „TB – Station" getauft wurde."

Selbst als amerikanische Soldaten ahnungslos ihre Krankheiten nach Europa brachten, waren die amerikanischen Armeekrankenhäuser dem Zustrom von Patienten zu Hause nicht gewaschen, wie ein nur als „Roy" bekannter Arzt in einem Brief an einen Bekannten bemerkte: „Camp Devens liegt in der Nähe von Boston und hat etwas 50.000 Männer, oder hatte sie bevor diese Epidemie ausbrach. Es hat auch das Basiskrankenhais der Division Nordost. Diese Epidemie begann vor etwa vier Wochen und hat sich so schnell entwickelt, dass das Lager demoralisiert ist und alle normalen Arbeiten bis zu ihrem Ende aufgehalten werden. Alle Zusammenstellungen von Soldaten sind tabu. Diese Männer beginnen mit einem Anfall von Grippe oder Influenza, und wenn sie ins Krankenhaus gebracht werden, entwickeln sie sehr schnell die zäheste Art von Lungenentzündung, die man je gesehen hat. Zwei Stunden nach der Aufnahme haben sie die Mahagoniflecken über den Wangenknochen, und ein paar Stunden später kann man sehen, wie sich die Zyanose von den Ohren aus über das ganze Gesicht ausbreitet. Es ist dann nur noch eine Frage von ein paar Stunden, bis den Tod kommt, und es ist einfach ein Kampf um Luft, bis sie ersticken. Das ist schrecklich. Man kann das ertragen, einen, zwei oder zwanzig Männer sterben, wie diese armen Kerle wie Fliegen umfallen, geht einem irgendwie auf die Nerven. Wir haben im Durchschnitt etwa 100 Todesfälle pro Tag gezählt und wir halten diese Zahl immer noch aufrecht. Ich habe keinen Zweifel daran, dass es hier eine neue Mischinfektion gibt, aber was ich nicht weiß. Meine gesamte Zeit wird in Anspruch genommen, um Rasselgeräusche zu jagen, Rasselgeräusche trocken oder feucht, Zischen oder Krepitieren oder jedes andere der hundert Dinge, die man in der Brust finden kann, sie alle bedeuten hier eines – Lungenentzündung – und das bedeutet in etwa allen Fällen den Tod.“

Ein Bild von provisorischen Zelten für Grippeopfer in Massachusetts

Natürlich verfolgte auch die Bundesregierung die Zahlen, wie Dr. Victor Vaughan, der damalige Generalstabsarzt der US – Armee, bemerkte, „Während des Weltkriegs war die Lungenentzündung von Anfang bis Ende die stärkste Todesursache. Im Kalenderjahr 1917 gab es in unserer Armee 8.479 Fälle mit 952 Toten, was einer Sterblichkeit von 11,2% entspricht. Es wird davon ausgegangen, dass die Mobilisierung der neuen Armee erst im Oktober 1917 begann. In den Wintermonaten 1917 – 18 (29. September 1917 bis 29. März 1918) zählten die Fälle 13.393 mit 3.110 Toten, was einer Todesrate von 23,1% entspricht. In den Sommermonaten des Jahres 1918 (5. April bis 30. August 1918) waren es 8.912 Fälle mit 1679 Todesopfern, was einer Todesrate von 18,8% entspricht. In den Herbstmonaten des Jahres 1918 (der Grippezeit) betrug die Zahl der Fälle 61.198 mit 21.053 Todesfällen, was einer Sterblichkeit von 34,4% entspricht".

Vaughan

Da sie überlastet und überfordert waren, erlag auch das medizinische Personal, das die erkrankten Soldaten behandelte, regelmäßig der Grippe und gesellte sich so zu ihren Patienten auf den Krankenstationen. In Camp Devens schrieb Roy an seinen Freund, „Die normale Zahl der Ärzte hier liegt bei etwa 25, und diese Zahl wurde auf über 250 erhöht, von denen alle (natürlich mit Ausnahme von mir) einen befristeten Befehl haben – Nach Beendigung der Arbeit an Ihren richtigen Arbeitsplatz zurückkehren – Meiner sagt: Dauerhafter Dienst, aber ich bin gerade lange genug in der Armee, um zu lernen, dass es nicht immer das bedeutet, was es sagt. Ich weiß nicht, was am Ende mit mir geschehen wird. Wir haben eine ungeheuerliche Zahl von Krankenschwestern und Ärzten verloren und die kleine Stadt Ayer ist ein Anblick. Wenn dieser Brief etwas unzusammenhängend erscheint, dann übersehen Sie ihn, denn ich wurde ein Dutzend Mal von ihm weggerufen, das letzte Mal gerade eben vom Offizier des Tages, der hereinkam, um mir zu sagen, dass sie bei keiner der Autopsien bisher einen Fall jenseits des Stadiums der roten Hepatitis gefunden haben. Es bringt sie um, bevor es so weit kommt.“

Das Militärleben war von jeher von Natur aus gemeinschaftlich und der tägliche Kampf um die Pflege der Kranken forderte seinen Tribut von den Ärzten und Krankenschwestern, von denen die meisten weit weg von Zuhause und Freunden waren. Roy schloss seinen Brief ab, „Ich wünsche nicht viel Glück, Alter Mann, aber ich wünschte, Sie wären wenigstens für eine Weile hier. Das ist bequemer, wenn man einen Freund hat. Die Männer hier sind alle gute Kameraden, aber ich bekomme so eine verdammte Lungenentzündung, dass ich, wenn ich esse, jemanden finden möchte, der nicht „fachsimpelt“, aber es gibt keinen, wie auch immer. Wir essen es, schlafen es und träumen es, ganz zu schweigen davon es 16 Stunden am Tag zu atmen. Ich wäre Ihnen sehr dankbar, wenn Sie mir ab und zu ein oder zwei Zeilen schreiben würden und ich verspreche Ihnen, dass ich das Gleiche für Sie machen werde, wenn Sie jemals in eine solche Situation geraten. Jeder Mann hier bekommt eine Station mit etwa 150 Betten (meine hat 168) und ein Assistent Chef ist sein Chef und Sie können sich vorstellen, wie heftig allein der Papierkram ist – heftig – und die Regierung verlangt, dass der gesamte Papierkram in gutem Zustand gehalten wird. Ich habe nur vier Tagesschwestern und fünf Nachtschwestern (weiblich), eine Stationsleitung und vier Pfleger. Sie sehen also, dass wir beschäftigt sind. Ich schreibe dies stückweise. Es kann lange dauern, bis ich Ihnen einen weiteren Brief schicken kann, aber ich werde es versuchen. Auf Wiedersehen, alter Kumpel, Gott sei mit dir, bis wir uns wiedersehen.“

Arbeiter verkleiden zur Behandlung von Grippeopfern im Dezember 1918 in einer Marinekrankenhaus in Kalifornien

Notfallzelte für Grippeopfer im gleichen Marinekrankenhaus in Kalifornien

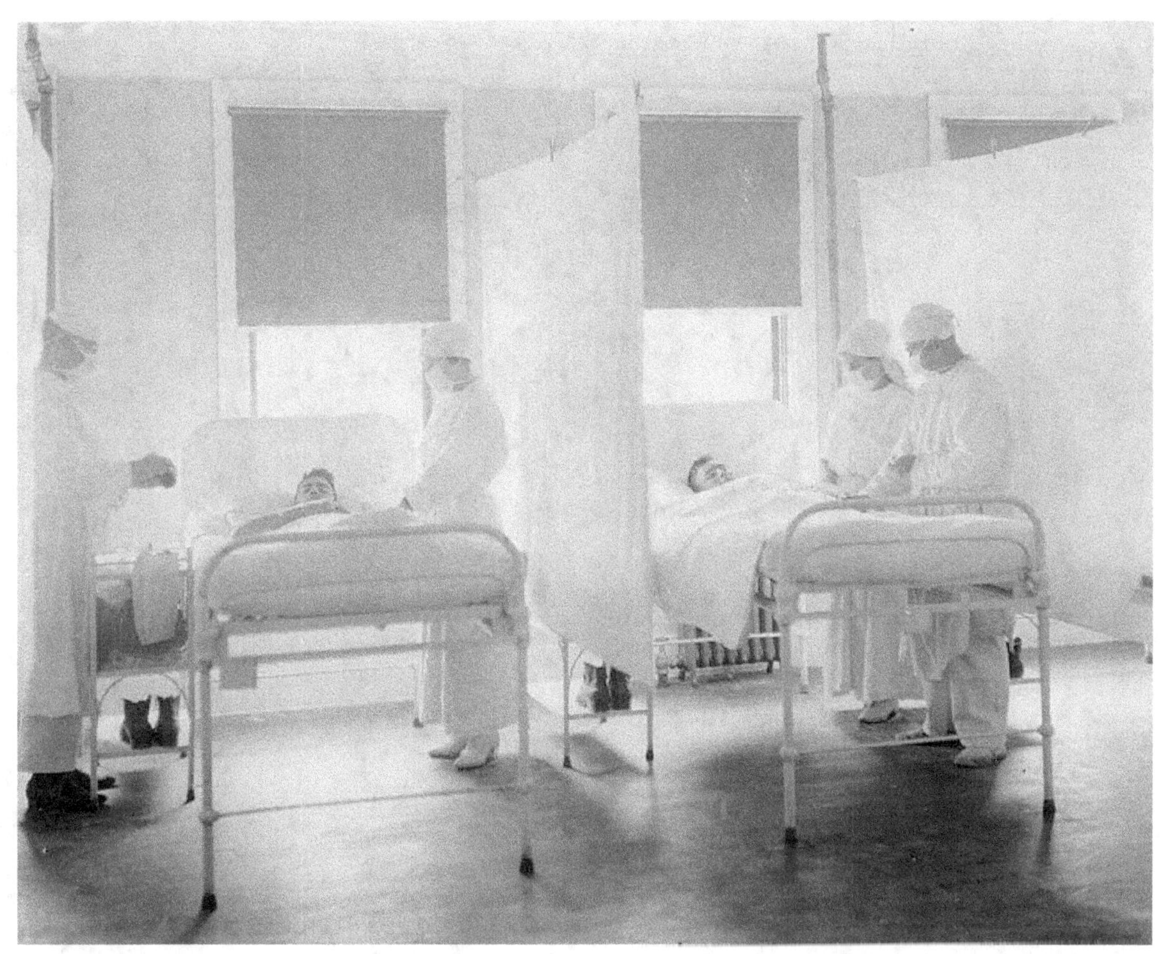

Grippeopfer werden im Marinekrankenhaus behandelt

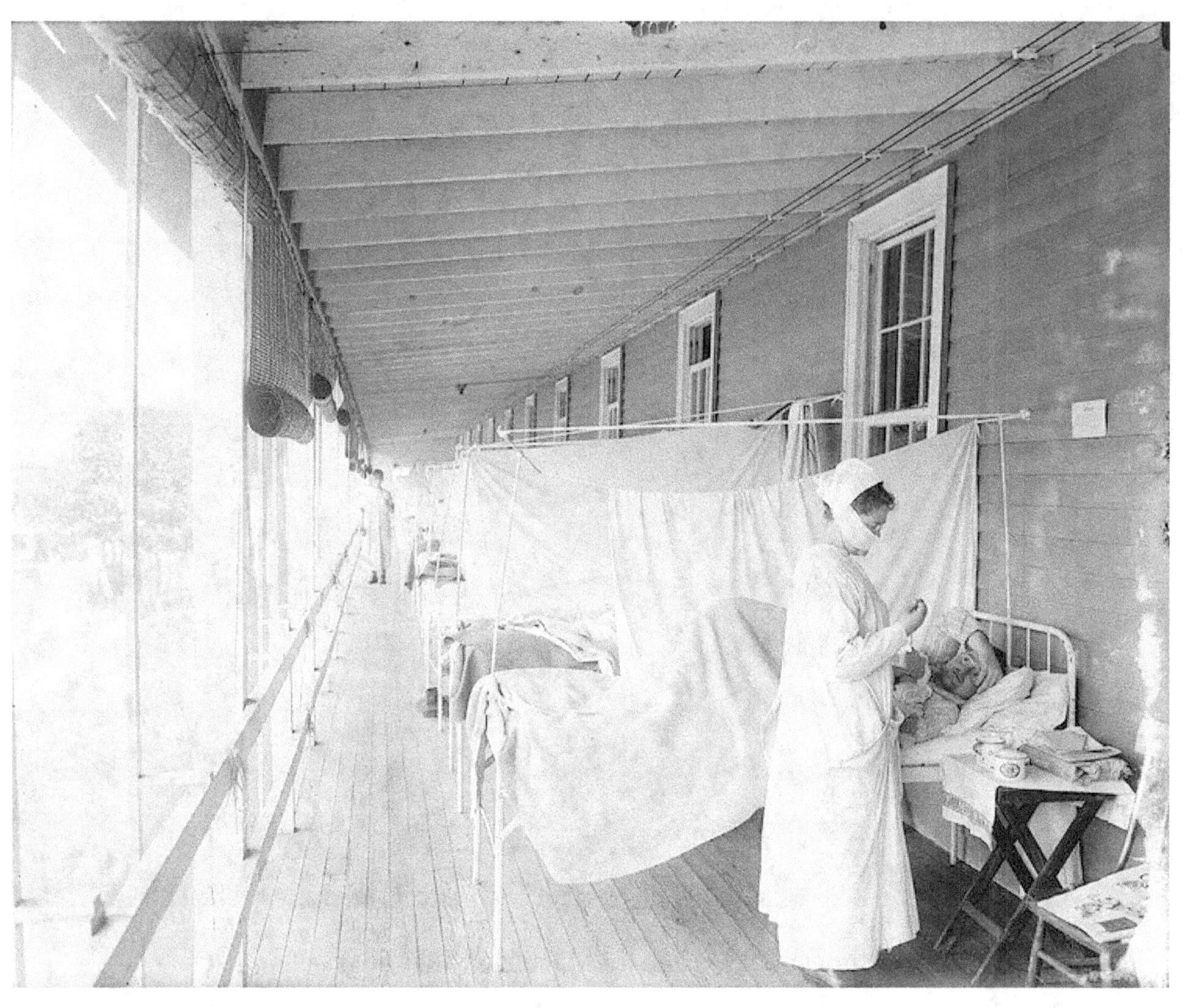

Ein Bild von Grippeopfern, die im Walter – Reed Krankenhaus in Washington, D.C. behandelt werden

Seattler Polizei im Jahr 1918

Ein Bild eines Trolley – Betreibers aus Seattle, der einen Fahrgast ohne Maske nicht einsteigen lassen wollte

„Grippeepidemien haben dieses Land seit 1647 heimgesucht: Das ist interessant zu wissen, dass diese erste Epidemie aus Valencia, Spanien, hierhergebracht wurde. Seit dieser Zeit gab es zahlreiche Epidemien der Krankheit. In den Jahren 1889 und 1890 war die Krankheit praktisch in der gesamten zivilisierten Welt eine Epidemie. Drei Jahre später gab es ein erneutes Aufflammen der Krankheit. Beide Male breitete sich die Epidemie weit über die Vereinigten Staaten aus. Obwohl die neuste Epidemie als „Spanische Grippe" bezeichnet wird, haben Untersuchungen ergeben, dass sie ihren Ursprung nicht in Spanien hatte. Wir wissen jetzt, dass es in den Vereinigten Staaten vor der neusten großen Pandemie mehrere Jahre lang eine unangemessene Prävalenz der Influenza gab. Da die Krankheit in einer milden Form auftrat und die öffentliche Meinung sich auf den Krieg konzentrierte entging diese erhöhte Prävalenz der Krankheit der Aufmerksamkeit. Erst als die Epidemie im September 1918 in Boston in schwerer Form auftrat erregte sie besonders Interesse." - Ein Report, den von Rupert Blue vorbereitete, vom United States Public Health Services

Natürlich verbreitete sich die Krankheit nicht nur unter den in Europa kämpfenden Armeen, sondern dir kranken amerikanischen Soldaten verbreiteten die Grippe auch zu Hause. William Maxwell, der zum Zeitpunkt des Ausbruchs nur ein Junge war, der im nahe gelegenen Nebraska aufwuchs, erinnerte sich später, „1918 war Lincoln eine Stadt mit 12.000 Einwohnern. Es war vielleicht 50 Jahre alt, gerade genug Zeit für die Bäume zu reifen, so dass sich die Äste über Bürgersteige trafen. Die Höfe waren groß und die Kinder spielten an den Sommerabenden in Gruppen. Am Sonntagmorgen waren die Kirchenglocken schön hören. Aber mein Vater hatte genug vom Kirchgang und so gingen wir am Sonntag zum Fischen aufs Land, mit einem Picknick. Es war ein Leben, das nicht sehr stark von der Außenwelt beeinflusst wurde. Meine ersten Andeutungen über die Epidemie waren, dass sie etwas war, was mit den Truppen geschah. Es schien keinen Grund zur Annahme zu geben, dass es jemals etwas mit uns zu tun haben würde. Und doch rückte sie allmählich und erbarmungslos immer näher. Gerüchte über diese alarmierende Situation hatten diese sehr kleine Stadt mit 12.000 Einwohnern im Mittleren Westen erreicht. Ich weiß, dass meine Eltern besorgt waren. Ich achtete weniger auf ihre Worte als auf den Klang ihrer Stimmen und als sie darüber sprachen, hörte ich Angst."

Phil Byrne erwähnte die Grippe auch seinem Bruder gegenüber schriftlich, „Nun, die Spanische Grippe ist hier aufgetaucht und wir haben strikte Anweisung, keine Besuche in Chattanooga zu machen. Wir sind sicherlich die Pechvögel, wenn es um dieses Quarantäneangebot geht. Ich habe es fast satt, drei Wochen lang in einem Bezirk mit einem Blockquadrant zu bleiben. Es gibt keine Kantine im Quarantänedistrikt und wir haben viel Mühe, kleine Vorräte zu besorgen."

Bild von Grippeopfern, die in Krankenwagen in St. Louis geladen wurden

Weit entfernt von Orten wie Kansas und Tennessee erinnerte Wilma Buntin an die Auswirkungen der Grippe auf ihre Heimatstadt Houston: „Und ich erinnere mich, dass mein älterer Bruder Louis der einzige war, der nicht krank wurde. Also versuchte er, uns etwas zum Frühstück zu machen oder er versuchte, etwas zum Abendessen zu machen. Keiner von uns war auch nur im Geringsten interessiert. Dort gab es keinen Arzt, also musste man einfach tun, was man für möglich hielt. Und sie wussten, wie man Fruchtsäfte trinkt und sich ausruht. Dann weinte er, wenn er etwas in Ordnung gebracht hatte. Er sagte: „Es liegt daran, dass ich nicht gut kochen kann, weil ihr alle nichts esst. Und er tat es nicht."

Wie aus Buntins Darstellung hervorgeht, hat die Krankheit niemanden diskriminiert, abre sie konnte auch zufällig erscheinen, da sie einige Familienmitglieder betraf und andere nicht, selbst wenn sie in enger Nachbarschaft lebten. Zwar konnten ganze Familien betroffen sein, doch manchmal befiel sie nur eine Person im Haushalt. John Stanbury war nur ein Kleinkind, als die Pandemie ausbrach, und erörterte später, wie sich die Pandemie auf seine Familie und seine Gemeinde auswirkte: „Ich wurde im Mai 1915 geboren und dementsprechend sind meine Erinnerungen an die Pandemie verschwommen und unvollständig. Unsere Familie lebte zu dieser Zeit in Wilson, North Carolina. Mein Vater war ein methodistischer Geistlicher. Trotzdem meines jungen Alters erinnere ich mich deutlich an die Krankheit meiner Mutter. Sie lag mehrere Tage im Koma, aber überlebte. Etwas zur gleichen Zeit erkrankte mein vier Jahre älterer Bruder an Typhus, der als solcher diagnostiziert wurde. Er war auch komatös und wahnhaft, aber überlebte. Von der vorderen Veranda unseres Hauses aus beobachtete ich, wie die Leichenwagen vorbeifuhren und mir wurde gesagt, dass sie die Opfer der Pandemie trugen. Mein Vater war trotz der häufigen Kontakte mit den Kranken, die er bei der Ausübung seiner seelsorgerischen Pflichten in der Stadt hatte, nie krank."

Kapitel 4: Ein Kranker mit Influenza

Grippeopfer in Außenbetten in einem Heereslager

„In den meisten Fällen fühlt sich eine an Grippe erkrankte Person ziemlich plötzlich krank. Er fühlt sich schwach, hat Schmerzen in Augen, Ohren, Kopf oder Rücken, Bauch, usw. und kann überall wund sein. Viele Patienten fühlen sich schwindelig, manche erbrechen sich. Die meisten Patienten klagen über Kältegefühl und damit einhergehend über Fieber, wobei die Temperatur auf 100° bis 104° F (37,78° bis 40°C) ansteigt. In den meisten Fällen bleibt der Puls relativ langsam. Im Aussehen fällt auf, dass der Patient krank aussieht. Seine Augen und die Innenseite der Augenlider können leicht blutunterlaufen oder verstopft sein, wie die Ärzte sagen. Möglicherweise läuft es aus der Nase oder es kann Husten auftreten. Diese Anzeichen einer Erkältung sind vielleicht nicht ausgeprägt, dennoch sieht der Patient sehr krank aus und fühlt sich auch so. In einer Reihe von Fällen während der neuste Pandemie zeigte ein großer Teil der Influenzafälle eine Darmentzündung (Durchfall). Neben dem Aussehen und den bereits beschriebenen Symptomen kann die Untersuchung des Blutes des Patienten dem Arzt helfen, die „Spanische Grippe" zu erkennen; denn es hat sich herausgestellt, dass bei dieser Krankheit die Zahl der weißen Blutkörper nur wenig oder gar nicht über das normale Maß hinaus ansteigt." - Ein Report, den von Rupert Blue vorbereitete, vom United States Public Health Services

Eine der Schwierigkeiten bei der Behandlung der Spanischen Grippe ergab sich nicht nur aus der Tatsache, dass es eine Reihe verschiedener Stämme der Krankheit gab, sondern auch aus der Tatsache, dass selbst die gleichen Stämme bei verschiedenen Menschen oft unterschiedliche Symptome hervorzurufen schienen. Zum Beispiel beobachtete Dr. Fantus, „Die Symptome der Krankheit waren nicht recht vielgestaltig. So gab es Fälle bei denen lediglich Fieber ohne Schmerzen auftrat und andere, bei denen die Schmerzen ohne Fieber auftraten, obwohl im Allgemeinen beides vorhanden war. In den meisten Fällen kam es zu übermäßigem Schwitzen, das zweifellos durch das eingesetzte Medikament verstärkt wurde. Die Mehrheit der Pateinten hustete, einige husteten und erbrachen sich, andere erbrachen sich und husteten nicht. Die Nase war nicht so häufig betroffen wie die Bronchien. Wenn sie betroffen war, bestand eine ausgeprägte Neigung zu Nasenbluten. Der Rachen wurde selten beklagt… Die Prostata stand in der Regel in keinem Verhältnis zur Höhe und Dauer des Fiebers.“

Ein weiteres Problem bestand darin, dass sich ein Patient oft besser fühlte und sich scheinbar erholt hatte, um dann plötzlich wieder krank zu werden und kurz zu werden und kurz darauf zu sterben. Das machte die Behandlung der Patienten zu einer unglaublichen Herausforderung, wie Dr. Fantus hervorhob: „Die durchschnittliche Dauer der Erkrankung betrug in unkomplizierten Fällen etwa drei Tage. Es bestand jedoch eine ziemliche Tendenz zum Auftreten eines Rückfalls, der durch vorzeitiges Verlassen des Bettes anscheinend verstärkt wurde. In einigen Fällen war der Rückfall schwerer als die primäre Attacke, in anderen Fällen weniger schwer. Die Bronchopneumonie war die wichtigste und schwerwiegendste Komplikation. In jedem Fall von Lungenentzündung, den ich bei dieser Epidemie beobachtete, war ihr Auftreten offenbar entweder auf die Unfähigkeit oder mangelnde Bereitschaft des Patienten zurückzuführen, lange genug oder gründlich genug im Bett zu bleiben; oder auf physiologische Behinderungen, wie Schwangerschaft, organische Herzkrankheit, chronische Bronchitis, Kleinkindheit oder Alter; oder ganz besonders, auf diese beiden Einflüsse kombiniert… immer wieder war das die Geschichte: Der Patient hatte einen gewöhnlichen Influenzaanfall, bei dem er nicht ständig im Bett blieb. Danach fühlte er sich etwas besser, stand auf, wurde wieder krank – diesmal mit schweren Symptomen – und zeigte bald das Phänomen der Bronchopneumonie.“

Angesichts dessen, was er miterlebte, glaubte Fantus, dass es eine potenziell einfache Lösung gab: „Auf der anderen Seite schienen Patienten, die von Beginn ihrer Krankheit an ununterbrochen im Bett gehalten wurden und die so lange im Bett bleiben, bis sie zwei oder drei Tage lang vollkommen gesund waren, ziemlich immun gegen diese Komplikation zu sein. Wenn eine gründliche Bettbehandlung des Influenzaanfalls tatsächlich eine Bronchopneumonie verhindert, wie ich glaube, dann müssten wir diese Behandlung als lebensrettend betrachten. Wie eine Behandlung im Bett eine Lungenentzündung verhindern und die Rückfallneigung verringern kann, lässt sich verstehen, wenn wir einen Influenzaanfall als einen Zustand verstehen, in dem das Infektionsopfer Immunität gegen die Organismen erwirbt, die versuchen, in sein System einzudringen.“

Fantus mag durch die „mangelnde Bereitschaft" einiger Patienten frustriert gewesen sein, im Bett zu bleiben, aber ein Teil des Problems mit der Art der Pflege, die von den Kranken benötigt wurde, bestand darin, dass sie zeitintensiv war und eine sorgfältige, aufmerksame und qualifizierte Pflege erforderte. Selbst diejenigen, die es gewohnt waren, für ihre Familien zu sorgen, fühlten sich der Aufgabe, andere durch die Grippe zu pflegen, die der jungen Betty Somppi widerfuhr, nicht gewachsen: „Meine Familie lebte 1918 in Erie, Pennsylvanien. Meine Mutter erzählte mir, dass ich im Februar 1919, als ich fast 4 Jahre alt war, an Grippe erkrankte. Mein Zustand war kritisch und ich war viele Stunden lang im Delirium gewesen, als unser Hausarzt mir ein experimentelles Medikament (als „Spritze" bezeichnet) verschreiben konnte. Er sagte meinen Eltern, er könne keine andere Hoffnung bieten. Meine Eltern stimmten der Behandlung zu. Zur gleichen Zeit erkrankte ein Nachbarskind ebenfalls an Grippe, aber seine Familie lehnte die vom Arzt angebotene Behandlung ab. Von keinem von uns wurde erwartete, dass wir die Nacht überleben würden; er überlebte nicht. Meine Mutter rief am nächsten Morgen den Arzt an, weil ich wach war und um etwas zu essen bat, aber sie hatte Angst, mich zu füttern. Er sagte ihr, dass er gleich vorbeikommen würde."

Am Anfang des 20. Jahrhunderts wurde die Krankenpflege unter jungen, alleinstehenden Frauen immer beliebter, aber fast alle, die darin ausgebildet wurden, wurden in europäischen Militärkrankenhäusern eingesetzt, so dass Krankenpflegeschülerinnen und Krankenpflegeschüler mit der Betreuung von Grippefällen betraut wurden. Eine Zeitung aus dem Jahr 1918 berichtete: „Achtzig junge Frauen, die die Victory – Klasse des Massachusetts General Hospital bildeten, wurden gestern Abend graduiert, nachdem sie das härteste Jahr der ununterbrochenen harten Krankenpflege absolviert hatten, das jemals von Krankenpflegeschülerinnen in der Geschichte der Institution absolviert worden war. Dr. Henry P. Walcott, Vorsitzender des Kuratoriums, der bei den Übungen den Vorsitz führte und die Absolventen bekannt gab, erklärte, dass jedes einzelne Mitglied der Klasse einen ebenso hohen Dienst geleistet und eine ebenso große Gefahr eingegangen sei wie jeder Krankenpfleger oder Soldat im Dienst im Ausland.

Glücklicherweise gehörten diese Krankenschwestern zu Tausenden von jungen Frauen, die weltweit eine Ausbildung als Krankenschwester absolviert haben. In Großbritannien befand sich die Gesellschaft in einem Umbruch, als sich die Töchter der Aristokratie den Konventionen und der Ausbildung zur Krankenschwester für verwundete Soldaten widersetzten. Der Artikel fuhr fort: „Die Mitglieder der Klasse haben im vergangenen Jahr über 800 Fälle von Influenza gepflegt, die in zwei großen Wellen kamen. Mehr als die Hälfte der Klasse war ernsthaft an der Krankheit erkrankt; und alle wurden durch die hohe Steuer, die ihnen durch die Überlastung auferlegt wurde, gefährlich anfällig gemacht. Einer von ihnen starb. Eine Scharlachfieberepidemie setzte 36 der Mädchen auf die gefährliche Liste, aber alle überlebten. Es gibt keine Worte", sagte Dr. Henry Van Dyke, der die Ansprache des Abends hielt, „die die Rolle, die Frauen und insbesondere Krankenschwestern beim Sieg des Krieges gespielt haben, gebührend würdigen können. Die Art von Dienst, die nicht einmal vor einem Feind zurückschreckte, der als bevorzugtes Ziel das Rote Kreuz auf dem Dach eines Krankenhauses wählte, kann in der Rhetorik niemals ihre gerechte Belohnung erhalten.Wie die meisten Ärzte war sich Fantus dieses Problems nur zu gut bewusst und schrieb: „In den meisten dieser Fälle war eine gute Pflege wichtiger und schwieriger zu sichern als eine gute ärztliche Behandlung. Diese Pandemie, die zu einer Zeit auftrat, als es aufgrund des Krieges an ausgebildeten Krankenschwestern und – pflegen so sehr mangelte, machte uns deutlich, wie notwendig es für jede Frau – und jeden Mann – ist, zumindest ein wenig Erfahrung in der Krankenpflege zu haben.“

Kapitel 5: Der Ausbruch ist streng und die Todesfälle sind zahlreich

„Wie bereits erwähnt, handelt es sich bei den meisten Fällen offenbar um Infektionen der Atmungsorgane und ähneln einer sehr ansteckenden Art von 'Erkältung'. Manchmal jedoch fehlen die Atemwegssymptome völlig, und es treten lediglich schwere Depressionen, Schwäche, Schmerzen und Beschwerden im ganzen Körper sowie etwas Fieber auf. In wieder anderen Fällen ist Durchfall ein auffälliges Symptom. Normalerweise hält das Fieber drei bis vier Tage an, und der Patient erholt sich. Doch während der Anteil der Todesfälle in der Regel gering ist, kommt es an einigen Orten zu schweren Ausbrüchen und zahlreichen Todesfällen. Wenn der Tod eintritt, ist er in der Regel die Folge der Entwicklung einer Lungenentzündung oder einer anderen Komplikation.“ - Ein Report, den von Rupert Blue vorbereitete, vom United States Public Health Services

Als sich die Nachricht von der Grippeepidemie verbreitete, wurden die Menschen immer besorgter und begannen, Maßnahmen zu ergreifen, um zu versuchen, sich selbst und ihre Angehörigen zu schützen. Die Familie des jungen William Maxwell hatte eine zusätzliche Sorge, wie er später ausführte: „Meine Mutter erwartete ein Kind, und so hatten mein Vater und meine Mutter keine andere Wahl, als mich in das Haus der Schwester meines Vaters zu bringen, wo wir uns nicht wohl fühlten. Es war ein dunkles, düsteres Haus. Ich kann die Qualität des Hauses am besten dadurch beschreiben, dass ich sage, dass im Wohnzimmer ein gerahmtes Foto meines Großvaters in seinem Sarg lag. Es war ein sehr merkwürdiger Raum, es gab eine Vase mit Pfauenfedern darin, und meine Tante wusste nicht, ich weiß nicht, ob irgendjemand sonst in Lincoln wusste, dass Pfauenfedern Unglück bringen.“

Die Pfauenfedern erwiesen sich in der Tat als Pech für Maxwell und seine Familie, da er bald unter der Grippe zu leiden begann. Er erklärte: „Ich war ein dünner kleiner Junge mit einem enormen Appetit. Gerade als mir mein Teller vor die Nase gestellt wurde, verspürte ich kein Verlangen nach Essen. Meine Tante legte ihre Hand auf meine Stirn, stand vom Tisch auf, nahm mich mit nach oben und legte mich ins Bett, weil ich hohes Fieber hatte. Und ich glaube, was passierte, war, dass ich schlief und schlief und schlief und schlief. Ich erinnere mich, dass die Zeit verschwommen war, als ich in dem kleinen Raum im Obergeschoss lag, und ich wachte auf, und es war Tag, und ich wachte auf, beim nächsten Aufwachen war es dunkel, und wenn ich aufwachte, war es vielleicht dunkel, und wenn ich aufwachte, war es vielleicht Tageslicht, ich hatte kein Gefühl für Tag und Nacht. Und ich fühlte mich krank und innerlich hohl.“

Zu dieser Zeit skandierten Maxwells Freunde und viele andere Kinder in der englischsprachigen Welt eine neue Melodie:

"Ich hatte einen kleinen Vogel,

Sein Name war Enza,

Ich öffnete das Fenster,

Und in flog Enza ein."

Während Maxwell die Grippe überlebte und von ihren Auswirkungen auf sein Leben berichten konnte, hatte seine Mutter, die sich von der Geburt ihres Kindes erholte, nicht so viel Glück. Maxwell erinnerte sich: „Meine einzige Kenntnis von dem, was vor sich ging, war das Telefon, das ich hören konnte, weil mein Zimmer in der Nähe des Treppenaufgangs lag. Und ich hörte meine Tante sagen: „Will, oh nein". Und dann: „Wenn du das möchtest. Und sie kam in mein Zimmer und versuchte uns zu erzählen, was passiert war, und die Tränen liefen ihr über das Gesicht, und so brauchte sie es mir nicht zu sagen, ich wusste, dass das Schlimmste, was passieren konnte, passiert war. Meine Mutter war wunderbar, und als sie starb, verging der Glanz von allem. Der Tod meiner Mutter hatte zur Folge, dass ich zum ersten Mal und für immer erkannte, dass wir nicht sicher waren. Wir waren nicht jenseits des Schadens. Mein Vater tat, was er konnte. Er hielt uns als Familie zusammen, aber von da an gab es eine Traurigkeit, die es vorher nicht gegeben hatte, eine tiefe innere Traurigkeit, die nie ganz verging, weil ich wusste, dass die Menschen nicht sicher sind und niemand sicher ist - schreckliche Dinge könnten jedem passieren."

Die Grippe breitete sich weiter aus, und etwas ironischerweise nutzte sie den Enthusiasmus, den Amerikaner und andere in der ganzen Welt für militärische Feierlichkeiten und den Verkauf von Freiheitsanleihen aufbrachten. Anna Milani war während der Pandemie nur ein Kind, aber später erinnerte sie sich: „Wir marschierten durch die Straßen und sangen 'tramp, tramp, tramp, tramp die Jungen marschieren. Ich erspähe Kaiser an der Tür. Und wir kriegen eine Zitronenpastete und zerquetschen ihn in sein Auge und es gibt keinen Kaiser mehr" Aber in ihrer Begeisterung erkannten die Menschen nicht, dass ihnen etwas viel Gefährlicheres als die deutsche Armee bevorstand. Milani fuhr fort: „Es war ein milder Tag, und wir saßen auf der Stufe. Schräg gegenüber von uns war ein kleines, ein Mädchen, ein 15-jähriges Mädchen, das gerade begraben wurde. Gegen Abend hörten wir viel Geschrei, und in demselben Haus starb in derselben Familie ein kleines Baby im Alter von 18 Monaten ... Auf der Straße standen Crêpes an der Tür, wenn es ein junger Mensch war, legten sie einen weißen Crêpe an die Tür; wenn es ein junger Mensch war, legten sie einen schwarzen und wenn es ein älterer Mensch war, viel älter, legten sie einen grauen Crêpe an die Tür, was bedeutet, wer gestorben ist. Es gab also, wir waren Kinder, und ... wir waren gespannt darauf, herauszufinden, wer als nächstes starb."

Tatsächlich lernten viele Kinder den Tod aus nächster Nähe kennen, lange bevor sie sonst vielleicht davon erfahren hätten, denn der Tod stand 1918 oft buchstäblich vor der Tür. John De Lano, damals ein kleiner Junge, der in seiner Straße auf und ab spielte, beschrieb eine unvergessliche Szene in seiner Nachbarschaft: „Der Bestatter, der einen halben Block von mir entfernt war, hatte Kisten aus Kiefernholz auf dem Bürgersteig hochgestapelt. Ich und meine zwei Freunde gingen hinunter und spielten auf den Kisten, es war wie das Klettern auf die Pyramiden, auf und ab und rundherum, das Ganze sprang ab, und meine Mutter sagte mir, ich solle niemals hinuntergehen, nicht auf diese Kisten gehen, denn es seien Menschen darin, die gestorben seien. Aber diese beiden Freunde von mir wurden gleich danach krank – und ich auch... Und als wir dann wieder ausstiegen und zurück zur Schule gingen, war ich schockiert zu sehen, dass meine Freunde nicht da waren, sie waren nicht zu Hause. Ich klopfte an ihre Tür und sie öffneten die Tür ein wenig und sagten: „Nein, Jimmy ist nicht da“ oder „Frankie ist nicht da“ oder „Wo ist er?“ Sie wollten es mir nicht sagen. „Lass es dir von deiner Mutter sagen. Ich war damals ein einsames Kind, denn das waren meine Freunde, mit denen ich all die Jahre gespielt habe, mit denen ich zur Schule ging, und als ich sie verlor, warum, meine ganze Welt hat sich verändert.“

Während viele Kinder zum ersten Mal mit dem Tod konfrontiert wurden, sahen junge Erwachsene auch das Leben ihrer Freunde und Liebhaber verkürzt. Die Schriftstellerin Katherine Anne Porter wäre fast an der Grippe gestorben, und später schrieb sie über ihre Erfahrungen in der dritten Person in *Pale Horse, Pale Rider*: „Ihr Verstand taumelte und glitt wieder, brach von seinem Fundament ab und drehte sich wie ein gegossenes Rad in einem Graben... Sie versank leicht durch die Tiefen und Tiefen der Dunkelheit, bis sie wie ein Stein am tiefsten Grund des Lebens lag und wusste, dass sie blind, taub und sprachlos war, sich der Glieder ihres eigenen Körpers nicht mehr bewusst war... und doch mit einer eigentümlichen Klarheit und Kohärenz lebte. ... Der Schmerz kehrte zurück, ein schrecklicher, unwiderstehlicher Schmerz durchzog ihre Adern wie schweres Feuer, der Gestank der Verderbnis füllte ihre Nasenlöcher ... sie öffnete die Augen und sah durch ein grobes, weißes Tuch über ihrem Gesicht ein blasses Licht, wusste, dass der Geruch des Todes in ihrem eigenen Körper war, und rang darum, ihre Hand zu heben.“

Obwohl sie überlebte, verlor Porter ihren Verlobten, einen in der Nähe ihres Hauses stationierten Soldaten, und in der Tat starben weltweit mehr Soldaten an der Grippe als an jeder anderen Ursache. Ein Militärarzt schrieb: „Man braucht Sonderzüge, um die Toten wegzubringen. Mehrere Tage lang gab es keine Särge, und die Leichen stapelten sich wie wild, und wir gingen in die Leichenhalle (die sich gleich hinter meinem Bezirk befindet) und sahen uns die in langen Reihen aufgebahrten Jungen an. Das übertrifft jeden Anblick, den sie in Frankreich nach einer Schlacht hatten. Eine überlange Baracke wurde für die Nutzung des Leichenschauhauses geräumt, und es würde jeden Mann dazu veranlassen, sich aufzusetzen und die lange Reihe toter Soldaten, die in Doppelreihen gekleidet und aufgebahrt sind, zu beachten. Wir haben hier keine Erleichterung; man steht morgens um 5.30 Uhr auf, arbeitet bis etwa 21.30

Uhr, schläft und geht dann wieder zur Arbeit. Einige der Männer sind natürlich die ganze Zeit hier gewesen, und sie sind müde.“

Kapitel 6: Mensch zu Mensch

„Unabhängig davon, welche besondere Art von Keim die Epidemie verursacht, ist inzwischen bekannt, dass die Grippe direkt und indirekt von Mensch zu Mensch übertragen wird. Nach den Erfahrungen mit anderen Krankheiten zu urteilen, ist es zudem wahrscheinlich, dass der Keim, welcher Art er auch sein mag, nicht nur von Grippekranken, sondern auch von Personen übertragen wird, denen es vielleicht ganz gut geht. Alles, was den persönlichen Kontakt erhöht, sollte daher als ein Faktor bei der Verbreitung der Grippe betrachtet werden. Es ist klar, dass solche Keime auf viele verschiedene Arten von Mensch zu Mensch verbreitet werden können. So können sie direkt verbreitet werden, indem sie zusammen mit den sehr kleinen Schleim Tröpfchen, die durch Husten, Niesen, heftiges Sprechen und dergleichen ausgestoßen werden, von einem, der die Keime der Krankheit bereits hat, mit der Luft mitgeführt werden. ... Verschmutzte Hände, gewöhnliche Trinkbecher, unsachgemäß gereinigte Ess- und Trinkutensilien in Restaurants, Sodabrunnen usw., Rolltücher, infiziertes Essen - das sind nur einige der üblichen Vehikel der Keimübertragung. Die Verwendung von Gesichtsschutzmasken scheint die Menschen dazu zu bringen, diese anderen Infektionswege zu vernachlässigen, und deshalb wurde eine solche Verwendung nicht mit dem für sie prognostizierten Erfolg durchgeführt. Wenn wir bei der Bekämpfung der Influenza erfolgreicher sein wollen, müssen die soeben aufgezählten Faktoren stärker berücksichtigt werden." - Ein Report, den von Rupert Blue vorbereitete, vom United States Public Health Services

Während die meisten Ärzte kaum mehr tun konnten, als zu versuchen, mit dem Ausbruch Schritt zu halten, gab es einige wenige, die sich Zeit nehmen konnten, um zu studieren, was geschah, und zu versuchen, einige Theorien zu formulieren, die später bei der Prävention und Behandlung der Krankheit helfen würden. Dr. Victor Vaughan war einer der wenigen, die in der Lage waren, die Ausbreitung zu studieren, und er machte einige interessante Beobachtungen: „Als wir die Morbidität und Mortalität der Lungenentzündung in jedem der großen Lager kartographiert hatten, starrte uns eine Sache am auffälligsten ins Gesicht. Das war der erstaunliche Unterschied in der Zahl der Fälle in den verschiedenen Lagern ... Gute und schlechte Lager waren in nahe gelegenen Orten vermischt ... Das Gebiet, aus dem die Männer der guten Lager kamen, ist der städtischste oder am dichtesten besiedelte Teil des Landes. Die Stadtbewohner erwerben ein gewisses Maß an Immunität gegen Atemwegserkrankungen, weil sie in einer Atmosphäre leben, in der sie häufig oder ständig diese Infektionen tragen. Jungen vom Land sind anfälliger für die Atemwegserkrankungen. Dies legte nahe, die Widerstandskraft der Landsoldaten zu erhöhen, indem wir sie mit Totkulturen der Bakterien der Atemwegserkrankung impfen. Dies wurde in den Sommermonaten des Jahres 1918 versucht... aber diese Arbeit wurde von der großen und tödlichen Grippeepidemie überwältigt. Die Versuche, eine künstliche Immunität gegen die Lungenentzündung zu erreichen, wurden von vielen der besten Männer des Berufsstandes fortgesetzt. Das Problem ist ein schwieriges und kompliziertes, weil so viele Bakterien eine Lungenentzündung verursachen können, aber ich habe keinen Zweifel daran, dass es mit der Zeit gelöst werden wird."

Während seiner Untersuchungen über den Ursprung der Pandemie und die Art ihrer Ausbreitung kam Vaughan zu einigen interessanten Schlussfolgerungen, darunter die folgenden: „Ich wagte es, eine einfache Erklärung für die Tatsache anzubieten, dass bestimmte Infektionen unter den Robusten tödlicher sind als unter den Schwachen. Wenn man sich mit den Bakterien dieser Krankheiten infiziert, beginnen die Körperzellen, die eindringenden Keimzellen zu zerstören. Der starke Mann tötet seine Eindringlinge schnell, wobei er gleichzeitig ihre Gifte freisetzt, und in diesem Konflikt erholt sich der Patient entweder sofort oder stirbt schnell. ... Zuerst habe ich diese Theorie nur zögerlich und ohne absolute Überzeugung von ihrer Wahrheit vertreten, aber ich habe sie von so vielen Männern gehört und in so vielen Büchern ohne Bezug auf ihren Autor gelesen, dass ich jetzt voll und ganz von ihrer Wahrheit überzeugt bin. ...nichts kann von der Wahrheit der eigenen Geschichte überzeugender sein, als sie von denjenigen wiederholt zu hören, deren Urteilsvermögen und Weisheit man als Teil seiner eigenen Erfahrung respektiert oder die man aus seinen eigenen intellektuellen Prozessen ableitet. Es ist umso mehr ein Kompliment an den Autor, als es nicht als solches gemeint ist."

Vaughans Schlussfolgerungen waren bezeichnend für das mangelnde Wissen der medizinischen Gemeinschaft in Bezug auf die Biologie zu Beginn des 20. Jahrhunderts, und während Ärzte und Wissenschaftler ihre Beobachtungen machten, versuchten die Durchschnittsmenschen auf der Straße verzweifelt herauszufinden, wie man vermeiden kann, krank zu werden, sich um die bereits Kranken zu kümmern, die Toten zu begraben oder die Räder der Gesellschaft angesichts der Katastrophe am Laufen zu halten. Daniel Tonkel erinnerte sich daran, wie der Ausbruch den Lebensunterhalt seiner Familie beeinträchtigte: „Das erste Mal, dass mir bewusst wurde, dass in unserem normalen Leben etwas nicht stimmt, war, als mein Vater mir sagte: 'Sohn, die meisten Mitarbeiter sind krank. Wir haben niemanden mehr, der den Laden führt. Alle sind krank zu Hause oder krank im Krankenhaus. Und innerhalb einer Woche oder innerhalb von 10 Tagen erzählte mir mein Vater, dass diese Verkäuferin verstorben war und eine weitere verstorben war. Also, wenn ich mich recht erinnere, starben von den acht oder zehn Angestellten vier von ihnen, und der Tod trat so schnell ein.“

Die Regierung arbeitete auch mit dem Amerikanischen Roten Kreuz zusammen, um Flugblätter zu verteilen, in denen die Menschen davor gewarnt werden, sich mit Grippe zu infizieren, und ein solches Flugblatt schloss mit den folgenden Ratschlägen „Die indirekte Übertragung der Influenza ist zwar schwieriger zu vermeiden, kann aber dennoch durch ein wenig Nachdenken verhindert werden. Weniger Händeschütteln, das Meiden von unsauberen Sodabrunnen und Restaurants, das Vermeiden der Verwendung üblicher Trinkbecher und Handtücher, das Beharren auf der Einhaltung sanitärer Praktiken in Einrichtungen, die mit Lebensmitteln umgehen, und auf der behördlichen Durchsetzung sanitärer Vorschriften für solche Orte - all dies sind Maßnahmen, mit denen sich jeder Bürger vor einer Ansteckung schützen kann. Ihre allgemeinere Praxis würde viel dazu beitragen, die Ausbreitung von Krankheiten allgemein zu verhindern. Die Vorbeugung von Influenza lässt sich weitgehend mit dem einzigen Wort 'Sauberkeit' zusammenfassen.“

Angesichts dieses Verständnisses der Krankheit schlossen viele Städte sowohl in Europa als auch in den Vereinigten Staaten Theater, Restaurants und manchmal sogar Schulen. Louie Mayberry erinnerte sich: „Als wir nach San Antonio zogen, begann ich mit der Schule. Ich war nicht zur Schule gegangen, aber nach ein paar Tagen gab es eine Grippe-Epidemie in San Antonio, und die Schulen wurden geschlossen. Und wir blieben eine ganze Weile draußen. Und sie versuchten, mir beizubringen, wie man arbeitet. Damals durfte ich auf dem I&GN-Bahnhof [International-Great Northern Railroad] Schuhe putzen; heute ist es der Missouri-Pazifik. Und dann fing die Schule wieder an, und es dauerte ein paar Wochen, und sie kamen wieder heraus. Vor Weihnachten hatten wir nicht viel Schulbildung.“

Baseballspiele und -paraden wurden abgesagt, aus Angst, dass sich die Krankheit durch das Sammeln von Menschen in großen Menschenmengen ausbreiten könnte, und an vielen Orten hörten Bürger- und Religionsgruppen auf, sich zu treffen, so dass Kirchen und Synagogen entweder leer standen oder als behelfsmäßige Krankenhäuser zur Verfügung standen. Offensichtlich war dies hart für die Gläubigen, insbesondere für diejenigen, die in Krisenzeiten den Glauben brauchten, aber natürlich fanden diejenigen, die die Grippe überlebt hatten, ihren

Glauben an eine höhere Macht gestärkt. Martha Emmons glaubte, dass göttliches Eingreifen sie verschonte und ihr erlaubte, Schriftstellerin zu werden: „Ich habe oft gedacht, dass der Herr in seiner Vorsehung mich vor einer Grippe bewahrt hat. Früher gab ich eine erdverbundenere Erklärung als diese. Die Leute fragten mich, wie ich sie vermieden habe, weil, oh, davon sind überall Leute einfach tot umgefallen. Aber ich wurde so sehr gebraucht, dachte ich. Sehen Sie, mein Vater war bei mir, und ich unterrichtete in Maypearl, Texas, und ich erinnere mich, dass ich, als ich gefragt wurde, sagte: "Oh, nun, ich kann es nur darauf zurückführen, dass ich Zwiebeln gegessen habe und glücklich geblieben bin. Und ich aß Zwiebeln und alles andere, was ich für das Richtige hielt. Und ich habe mich bemüht, glücklich zu bleiben. Aber ich habe oft einfach gedacht, dass es ein Schicksalsschlag gewesen sein muss, weil ich nicht weiß, was hätte passieren können, wenn ich die Grippe genau dort hätte haben müssen, mit meinem Vater, einem Invaliden, und mit mir, und wir waren in dieser kleinen Wohnung dort. Und es wäre schrecklich für ihn gewesen, wenn er mir die Grippe genommen hätte, verstehen Sie das nicht?“

Glaube und Optimismus beiseite, Menschen, die versuchten, die Grippe zu vermeiden, blieben meist zu Hause, aber wenn sie ausgehen mussten, vermieden sie den Kontakt mit anderen fast um jeden Preis. Daniel Tonkel erinnerte sich später: "Die Menschen hatten tatsächlich Angst davor, miteinander zu reden, es war fast so, als ob sie mir nicht ins Gesicht atmeten, mich nicht ansahen und mir ins Gesicht atmeten, weil Sie mir den Keim geben könnten, den ich nicht will, und man von Tag zu Tag nicht wusste, wer der Nächste auf der Todesliste sein würde. Clella Gregory bestätigte dies und sagte, dass dies auch so war, als sie während der Pandemie in Kentucky aufwuchs: „1918 lebte ich zu Hause mit meinen Eltern Eli und Nora Brantley und fünf meiner Geschwister in Blackford, Kentucky. ... Alle sechs von uns Kindern zu Hause ... hatten die pandemische Grippe von 1918, genau wie unsere Mutter Nora. Mein Vater, Eli, wurde nicht krank. Vater hielt uns warm und ernährte uns, und er half auch anderen in unserer Gemeinde, die die Krankheit hatten. Er sorgte dafür, dass unsere kranken Nachbarn Trinkwasser hatten, melkte ihre Kühe, fütterte ihr Vieh und sorgte dafür, dass sie Kohle und Holz zum Heizen hatten. Eines Tages kam einer der Ärzte aus Blackford vorbei und hielt an und fragte: „Eli, wie geht es Ihrer Familie? Dad sagte: „Allen geht es sehr gut. Der Arzt antwortete: „Wenn Sie so weitermachen wie bisher, wo das hingeht, werden sie ein Mädchen verlieren. Alle Schulen wurden geschlossen, die Gottesdienste wurden abgesagt, und es sollten sich keine Menschenmengen versammeln. Wir haben alle überlebt“.

Kapitel 7: Wer auch immer krank wurde mit Influenza

„Es ist sehr wichtig, dass jede Person, die an Grippe erkrankt, sofort nach Hause und ins Bett geht. Das hilft, gefährliche Komplikationen fernzuhalten, und hält gleichzeitig den Patienten davon ab, die Krankheit weit und breit zu streuen. Es ist sehr wünschenswert, dass niemand mit dem Patienten im gleichen Zimmer schlafen darf. Tatsächlich sollte niemand außer der Krankenschwester in das Zimmer gelassen werden. Wenn Husten und Auswurf oder Laufen von Augen und Nase auftreten, sollte darauf geachtet werden, dass alle derartigen Ausscheidungen auf Mull- oder Lappenstücken oder Papierservietten gesammelt und verbrannt werden. Bei Durchfall ist darauf zu achten, dass die Krankheit nicht durch Verschmutzung der Hände, Kleidung oder Bettwäsche verbreitet wird. Es sollten dann praktisch die gleichen Vorsichtsmaßnahmen getroffen werden, die eine Krankenschwester oder ein Krankenpfleger bei der Behandlung eines Typhus-Falles trifft. Wenn der Patient über Fieber und Kopfschmerzen klagt, sollte ihm Wasser zum Trinken, eine kalte Kompresse auf die Stirn und ein leichtes Schwammbad gegeben werden. Es sollten nur solche Medikamente verabreicht werden, die vom Arzt verschrieben wurden. Es ist töricht, den Apotheker um eine Verschreibung zu bitten, und es kann gefährlich sein, die so genannten "sicheren und harmlosen" Medikamente einzunehmen, die von den Herstellern von Patentmedikamenten beworben werden." - Ein Report, den von Rupert Blue vorbereitete, vom United States Public Health Services

Als die besten Wissenschaftler der Welt von der Krankheit verblüfft waren, begannen die Menschen sich seltsamen Behandlungsmethoden für die Grippe zuzuwenden, so wie es die Europäer Jahrhunderte zuvor taten, als sie Blumen verwendeten, um dem Schwarzen Tod vergeblich zu entgehen. John de Lano erinnerte sich daran, dass ich als Junge, „Kampferkugeln in einem kleinen Sack um meinen Hals hatte. Ich weiß, dass ich mich selbst nicht ausstehen konnte, geschweige denn, dass jemand in meine Nähe kam. Damals roch ich wohl so schlecht." Ebenso war Harriet Ferrell während des Ausbruchs sehr jung, aber sie erinnerte sich: „Es war wirklich eine schreckliche Erfahrung für die Menschen, es waren so viele Menschen krank. In unserem Haushalt waren wir zu viert im Bett und mein Onkel und meine Tante in der Wohnung im dritten Stock mit ihrem Sohn, also kümmerte sich meine Mutter um sieben kranke Menschen in unserem Haus. Wir verwendeten Terpentin auf Zucker, wir verwendeten Kerosin auf Zucker, ein paar Tropfen. Man konnte diese Medikamente riechen, bevor man ihnen zu nahekam, aber es war nicht allzu schlimm, denn so viele Menschen hatten diese verschiedenen Arten von Medikamenten, bis wir alle schlecht rochen. Meine Mutter rief einen Arzt an, weil wir, die ganze Familie, an dieser Grippe erkrankt waren, und ich, das Kleinkind, war sehr krank, bis zu dem Punkt, dass der Arzt dachte, ich würde es nicht schaffen, und er sagte meiner Mutter, dass es nicht mehr nötig sei, mich zu füttern, weil ich nicht mehr leben würde ... So viele Menschen starben, bis sie die Anweisung bekamen, nach Holzkisten zu fragen und die Leiche, die Menschen auf die Veranda zu legen. Ein offener Lastwagen kam durch die Nachbarschaft und holte die Leichen ab."

Obwohl es oft übersehen wird, wenn man bedenkt, wie viele Menschen starben, waren die Sterblichkeitsraten, obwohl unglaublich hoch für die Grippe, immer noch niedrig genug, dass sich die meisten Menschen von der tödlichen Belastung erholten. Infolgedessen schrieben es die Menschen, die es geschafft hatten, allen möglichen: „Heilmitteln" zu, die sie in ihren Küchen oder Garagen zubereitet hatten. Lee Reay war der Sohn eines Mitglieds des örtlichen Gesundheitsamtes und erklärte die verzweifelten Versuche seines Vaters, den Menschen zu helfen: „Wir waren sehr besorgt in unserer Stadt, denn sie bewegte sich nach Süden, den Highway entlang, und wir waren die Nächsten. Mein Vater wurde als Gesundheitsbeamter ausgewählt. Wir hatten noch nie einen Gesundheitsbeamten in unserer Stadt gehabt, aber wir hatten das Gefühl, dass wir jetzt einen brauchten, und so ging Papa zu den Schildern an der Stadtgrenze hinaus, und wir stellten ein Schild auf, auf dem stand: „DIESE STADT IST QUARANTÄNTIERT - HALTEN SIE NICHT AN". Aber es war nicht genug, die Krankheit kam trotzdem - der Postbote brachte sie ... Alle fragten nach Medikamenten und es gab keine. Also kam Papa nach Hause und sagte: „Wir müssen irgendwie Medizin herstellen. Und so kochte Papa in unserer Küche auf unserem Kochherd etwa fünf Gallonen. Es war keine echte Medizin, aber sie roch und schmeckte nach Medizin, und wir füllten eine Menge Honig hinein, damit sie ziemlich gut schmeckte, und verteilten sie an alle, die Medizin wollten. Es ging in Eile, es war nicht mehr viel übrig. Es hat nicht geschadet. Die meisten dachten, es habe gutgetan."

Reay war auch einer der wenigen Überlebenden, die einen Augenzeugenbericht über den schrecklichen Tribut, den die Grippe von der Ureinwohner Amerikas Bevölkerung forderte, lieferte. Da sie in überfüllte Reservate gezwungen worden waren, von denen die meisten nicht den Grad an Sauberkeit genossen, der den Amerikanern im Allgemeinen zur Verfügung steht, war die Zahl der Todesopfer für sie besonders hoch. Reay bemerkte: „Mein Vater war als Gesundheitsbeamter sehr besorgt um die Indianer, die unsere Nachbarn waren, denn sie waren nur sechs Meilen entfernt. Also ritten Vater und der Stadtmarschall eines Tages dorthin, um zu sehen, wie die Dinge in den Indianerlagern liefen, und sie waren entsetzt über das, was sie sahen. Nachdem ein Indianer gestorben war, saßen seine Familie und seine Freunde herum und sangen ihn in die Happy Hunting Grounds und verbrachten dort die ganze Nacht. Und zu diesem Zeitpunkt waren sie alle ausgesetzt, alle hatten die Grippe. Letztendlich starb etwa die Hälfte der Indianer daran."

Teil des Problems mit der Pandemie war, dass sich die Grippe so schnell ausbreitete, dass es den Menschen schwer fiel zu glauben, dass es sich einfach um ein natürliches Ereignis handelte. William Sardo, damals noch ein junger Mann, erörterte einige der Verschwörungstheorien, die im Umlauf sind: „Die Menschen wollten nicht glauben, dass sie morgens gesund und abends tot sein könnten, das wollten sie nicht glauben. ... Es gab Gerüchte, die in allen Arten und Größenordnungen grassierten, und eines der Gerüchte, ich erinnere mich sehr genau, war, dass die Deutschen den Keim vor der Ausbreitung der Grippe gepflanzt hatten. ... Damals gab es eine gewisse Quacksalberei. Es gab alle Arten von Gimmicks, die von Menschen in ihrer Verzweiflung verfolgt wurden. ... Mein Vater, mein älterer Bruder und ein Onkel waren alle in der Bestattungsbranche tätig. Wir lebten in einem Bestattungsunternehmen. Die Grippeepidemie wurde so schlimm, dass das Wohnzimmer, das Esszimmer mit Särgen Reihe für Reihe besetzt waren. Das Furchterregende daran war, dass es Freunde von Ihnen waren, die von uns gingen, dass es ganze Familien waren, die Sie kannten, dass es Menschen waren, mit denen Sie zur Schule oder zur Kirche gingen. Es war sehr unheimlich, sehr, sehr unheimlich ... Alle lebten in Todesangst, weil es so schnell, so plötzlich und so furchteinflößend war, dass es die Intimität zerstörte, die unter den Menschen in jenen Tagen des frühen 20. Jahrhunderts."

Die ländlichen Gebiete waren noch verzweifelter auf der Suche nach Heilung als diejenigen, die Zugang zu der Art von medizinischer Versorgung hatten, die in den größeren Städten zur Verfügung stand. Laut Velva Kiser Breeding: „Ich wurde im Frühjahr 1916 geboren und kann mich nur an einige wenige Erinnerungen an die Pandemie von 1918 erinnern, aber ich erinnere mich an das, was mir meine Eltern darüber erzählt haben. Zu dieser Zeit lebten wir im Wilder Coal Camp in Russell County, Virginia, wo mein Vater als Bergmann tätig war. Viele der Bergleute und ihre Familien im Lager waren an der pandemischen Grippe von 1918 erkrankt. Der örtliche Arzt, Dr. Beckner, kam mit dem Pferd zu uns nach Hause und bat meinen Vater, der nicht an der Grippe erkrankt war, zu den Schmugglern in der Gegend zu gehen und etwas Schwarzgebranntes mitzubringen, damit er die kranken Bergleute damit behandeln könne. Der Mondschein wurde mit Honig oder Zucker gemischt und den Kranken zu trinken gegeben. Es gab auch verschiedene andere Hausmittel, wie Knoblauchsalben, aber ich erinnere mich wirklich nicht an sie alle. Eine Sache, die in meinem Gedächtnis auffällt, ist die Tatsache, dass meine Mutter eine ausgezeichnete Näherin war und dass sie Tag und Nacht nähte und die weißen Leichentücher nähte, um die Menschen damals "auszulegen" (einzugraben). Es gab den Glauben, dass diese Kleidungsstücke die Ankunft von einem Mensch in den Himmel beschleunigen würden. Gesunde Männer waren damit beschäftigt, Kiefernkisten (Särge) zu bauen. Niemand in meiner Familie erkrankte an der Grippe. Sie waren jedoch alle sehr damit beschäftigt, denjenigen zu helfen, die erkrankt waren.“

Wie so viele andere Tragödien gab es nicht wenige Menschen, die bereit waren, die Krise für persönliche Vorteile zu nutzen. Das Folgende ist eine von vielen Anzeigen, die in Zeitungen auf der ganzen Welt erschienen sind, diese stammt aus Neuseeland:

„Wenn Sie schnüffeln und niesen uns sich unwohl fühlen,

Wenn Ihre Sicht verschwommen wird und Sie in den Knien erschlaffen.

Sie können Ihr Leben verwetten, es ist ein sicheres Signal

Sie brauchen Woods’ Pfefferminzkur

Machen Sie sich also keine Sorgen und werden Sie nicht traurig

Tausende von anderen waren genauso schlimm;

Ihre Grippe wird nicht lange andauern

Wenn Sie Woods Super Pfefferminzkur nehmen.“

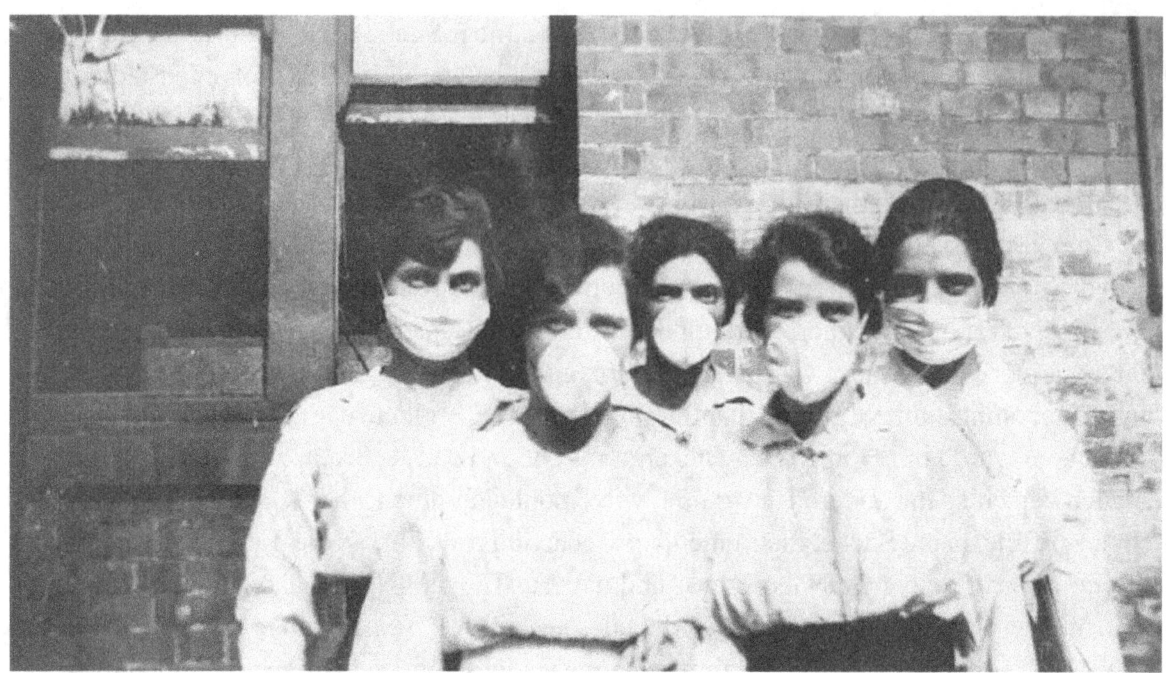

Frauen mit Masken in Brisbane, Australien

Kapitel 8: Im Krankenzimmer

„Befindet sich der Patient in einer solchen Lage, dass er nur von einer Person betreut werden kann, die sich auch um andere Familienmitglieder kümmern muss, ist es ratsam, dass diese Person im Krankenzimmer eine Hülle, eine Schürze oder einen Kittel über der normalen Hauskleidung trägt und diese auszieht und sich die Hände wäscht und desinfiziert, wenn sie sich um die anderen kümmert. Der Patient sollte über separates Geschirr verfügen, das nach Gebrauch mit kochendem Wasser sterilisiert werden sollte. Krankenschwestern und -pfleger tun gut daran, sich vor dem Einatmen gefährlicher Krankheitskeime zu schützen, indem sie in der Nähe des Patienten eine einfache Mull- oder Maskenfalte tragen. Es ist bekannt, dass ein Anfall von Masern oder Scharlach oder Pocken eine Person normalerweise vor einem weiteren Anfall derselben Krankheit schützt. Bis zu einem gewissen Grad scheint dies auch auf die "Spanische Grippe" zuzutreffen. Wie lange ein solcher Schutz anhält, ist nicht bekannt." – Ein Report, den von Rupert Blue vorbereitete, vom United States Public Health Services

Die Menschen versuchten, der Grippe mit allen möglichen Mitteln vorzubeugen, in der Regel durch Isolation, und Ärzte untersuchten den Ausbruch und versuchten, Behandlungsmöglichkeiten zu finden, aber es gab wenig, was jemand tun konnte, um die Genesung zu fördern. Infolgedessen waren die Hauptbehandlungen palliativmedizinisch, wie Dr. Fantus beobachtete: „Wir haben reichlich Beweise dafür, dass Wärme die Entwicklung der Immunität begünstigt und dass die Abkühlung ihr entgegenwirkt. Ein Patient, der im Bett bei gleichmäßiger Temperatur gehalten wird, befindet sich daher in einem günstigen Zustand, um über den Feind in ihm zu triumphieren. Die Abkühlung hingegen schwächt die Abwehrkräfte und wendet das Blatt im Kampf gegen den Patienten. Verschwitzte Häute und nasse Kleidungsstücke neigen zur Abkühlung. Es ist daher leicht einzusehen, warum der frei schwitzende Grippepatient besonders kälteempfindlich sein muss. Besonders kritisch ist die Zeit, in der die Temperatur des Patienten gerade auf oder unter das Normalmaß fällt. Er beginnt sich dann gut zu fühlen und sieht keinen Grund, im Bett zu bleiben. Mit schweißfeuchter Haut und schweißfeuchter Kleidung verlässt er das Bett, kehrt aber bald wieder zurück, kühl und elend, nachdem er die Immunität verloren hat, die sich gerade erst etabliert hatte. Ein Rückfall oder ein Anfall von Bronchopneumonie ist die Folge."

Aus diesem Grund empfahl Fantus: „Die Zeit, die der Patient im Bett bleiben sollte, kann für leichte Fälle zwei bis drei Tage betragen, gerechnet ab dem Zeitpunkt, an dem der Patient sich einen ganzen Tag lang vollkommen wohl fühlt. In schweren Fällen und bei behinderten Patienten oder wenn weiterhin feine Krepitationsrasseln im Brustkorb zu hören sind, sollte die Zeit für die vollständige Etablierung der Rekonvaleszenz erheblich verlängert werden. Da es wichtig ist, den Patienten vor Auskühlung zu schützen, muss auf die Verwendung der Bettpfanne und des Urinals bestanden werden. Dadurch wird auch die Ohnmacht beim Gang in den Toilettenraum verhindert, die in nicht wenigen Fällen aufgetreten ist. Nicht weniger wichtig ist es, die Kleidung und die Bettwäsche des Patienten trocken zu halten. Die Gefahr nasser Kleidung wird am besten eingeschätzt, wenn man feststellt, dass eine in nasses Gewebe eingewickelte Person schneller Wärme verliert als der gleiche Körper, wenn er nackt ist. Diese stark schwitzenden Patienten trocken zu halten, ist eine schwierige Aufgabe, die jedoch getreulich von der Krankenschwester ausgeführt werden sollte, die den Patienten beim Ausziehen der nassen Kleidung mit einem warmen Handtuch trocken reiben und warme, trockene Kleidung anlegen sollte, wobei all dies unter einer Decke geschehen sollte. Der Vorschlag, den Patienten warm zu halten, darf nicht so weit ausgeführt werden, dass der Patient warmgehalten wird. Die Temperatur des Krankenzimmers sollte 70 F (21,1 C) nicht überschreiten. Auch spricht dieser Vorschlag nicht gegen eine freie Lüftung, sofern diese so durchgeführt wird, dass frische Luft ungehindert in den Raum einströmen kann, ohne die Bewohner der Gefahr der Abkühlung auszusetzen."

Natürlich erkannten Ärzte wie Fantus, die diese Vorschläge machten, dass es ein Problem gab, wenn diese Empfehlungen nicht genug zu tun schienen. Fantus fuhr fort: „Angesichts des Fehlens einer spezifischen Behandlung musste die Therapie dieser Krankheit symptomatisch sein. Diese Form der Therapie - oft verächtlich als "lediglich symptomatisch" bezeichnet - stellt meiner Ansicht nach den Höhepunkt der medizinischen Kunst dar. Vielleicht, wenn wir stattdessen den Begriff "funktionelle Therapie" verwenden würden, wie vorgeschlagen wurde, würde ihre Bedeutung und Wichtigkeit besser gewürdigt werden. Es ist unsere Pflicht und unser Privileg, uns um die Störungen der Funktionen des Patienten zu kümmern, während sein System die Infektion bekämpft. Da diese Störungen unterschiedlichster Art und Intensität waren, ist so etwas wie eine Routinebehandlung der Influenza offensichtlich eine Absurdität."

Die Ärzte sahen sich oft einem erheblichen Druck seitens der Familien ausgesetzt, etwas zu tun, um zu helfen. Die meisten waren in der Lage, diesem Druck zu widerstehen und ihre Position in der Gemeinschaft zu nutzen, um sich Gehör zu verschaffen und zu gehorchen, aber nur allzu oft ignorierten Familien, die zu helfen versuchten, ihre Ratschläge und Anweisungen und mischten sich unnötigerweise in die Genesung eines Patienten ein. Fantus warnte im September 1918 davor und schrieb: "Das Symptom, das vielleicht die meiste therapeutische Aufmerksamkeit auf sich zog und wahrscheinlich am wenigsten verdient hatte, war das Fieber. Dieses war selten hoch genug, um für den Patienten von Nachteil zu sein. Wenn es zu hoch wurde - über, sagen wir, 104 F (40 C). - war es leicht, es durch Hydrotherapie oder durch...Medikamente zu senken. Auf der anderen Seite waren die Schmerzen, denen so viele dieser Patienten ausgesetzt waren, ein richtiges therapeutisches Angriffsziel. Es war eher ihre schmerzstillende als ihre fiebersenkende Wirkung, die verschiedene Kohlenteerderivate in diesem Zustand so nützlich machten. ... Die richtige Behandlung des Hustens ist wahrscheinlich von grundlegender Bedeutung. Wenn die Beibehaltung der Sekretion und die Verstopfung der Bronchiolen die Entwicklung einer Bronchopneumonie begünstigt, wie man nur zu Recht annehmen kann, dann kann die Begünstigung der Expektoration lebensrettend sein. Ich hatte das Glück, auf eine Reihe von Patienten zu treffen, bei denen man aufgrund der raschen und erschwerten Atmung, des fast unproduktiven Hustens und der unzähligen feinen Rasselgeräusche in der Brust den Ausbruch einer Lungenentzündung befürchtete, die unter dem Einfluss von Jodid in Verbindung mit der freizügigen Einnahme von Flüssigkeit innerhalb weniger Tage phänomenal abklingen konnte. ... Daher habe ich darauf gedrängt, jede Stunde, während der Patient wach ist, einen Becher voll Flüssigkeit einzunehmen, wobei der Patient alle zwei Stunden einen Becher Milch oder eine andere nahrhafte Flüssigkeit und alle zwei Stunden abwechselnd mit der Milch ein Glas Limonade, Traubensaft und Wasser, Selters oder ein anderes Getränk zu sich nehmen sollte.“

Fantus warnte seine Ärztekollegen auch davor, dem Komfort eines Patienten zu schnell nachzugeben, wenn eine solche Kapitulation auf Kosten der Gesundheit des Patienten ginge: „Ich glaube, dass die Verschreibung eines Opiats, sei es allein oder in komplexem Husten, Sirup, eine schädliche Praxis ist, eine direkte Einladung zum Ausbruch einer Bronchopneumonie. Es kann hin und wieder ein Ausnahmefall auftreten, in dem ein Patient mit einem befundfreien Brustkorb durch einen nutzlosen, absolut unproduktiven Husten vom Schlaf abgehalten wird. In einem solchen Fall sichert eine ausreichende Dosis Kodein, 0,03 mg jede Stunde zur Schlafenszeit für einige wenige Dosen, eine gute Nachtruhe; und die Einnahme einer Dosis alle vier Stunden während des Tages erhält den Komfort. Wenn der Husten jedoch überhaupt produktiv ist oder es Rasselgeräusche in der Brust gibt, habe ich aus Erfahrung Angst davor, Opiate in irgendeiner Form oder Dosis zu verschreiben. Selbst wenn auf das Opiat keine Bronchopneumonie folgt, verlängert es die Dauer der Beschwerden, da der belästigende Husten zurückkehrt, sobald das Opiat abgesetzt wird.“

Kapitel 9: Schutz vor Krankheiten

„Bei der Abwehr von Krankheiten aller Art ist es wichtig, dass der Körper stark gehalten wird und in der Lage ist, Krankheitskeime abzuwehren. Dies kann durch ein angemessenes Verhältnis von Arbeit, Spiel und Ruhe, durch eine gute Bekleidung des Körpers und durch ausreichende, gesunde und richtig ausgewählte Nahrung erreicht werden. Im Zusammenhang mit der Ernährung ist es gut, sich daran zu erinnern, dass Milch eines der besten Allround-Lebensmittel ist, das sowohl für Erwachsene als auch für Kinder erhältlich ist. Bei einer Krankheit wie der Grippe erkennen die Gesundheitsbehörden überall den sehr engen Zusammenhang zwischen ihrer Ausbreitung und der Überbevölkerung an. Auch wenn es nicht immer möglich ist, insbesondere in Zeiten wie diesen, eine Überfüllung zu vermeiden, sollten die Menschen die Gesundheitsgefahr bedenken und alle Anstrengungen unternehmen, um die Überfüllung der Häuser auf ein Minimum zu reduzieren. Der Wert der Frischluft durch offene Fenster kann nicht überbetont werden. Was die Vermeidung einer direkten Infektion durch Einatmen betrifft, ist es wichtig, sich vor der Person zu hüten, die hustet oder niest, ohne Mund und Nase zu bedecken. Daraus folgt auch, dass man sich so weit wie möglich von Menschenmassen und stickigen Orten fernhalten sollte; Wohnungen, Büros und Werkstätten gut durchlüftet halten; jeden Tag einige Zeit im Freien verbringen; zur Arbeit gehen, wenn dies überhaupt möglich ist; kurz gesagt, sich bemühen, so viel reine Luft wie möglich einzuatmen." – Ein U.S. Public Health Service Report, der von Hauptsanitätsinspekteur Rupert Blue vorbereitete.

Bis zum Ende des Grippeausbruchs in den USA hatte die Grippe mehr als eine halbe Million Menschen getötet, möglicherweise sogar mehr als 750.000, weit mehr als die Zahl der amerikanischen Soldaten, die in beiden Weltkriegen verloren, gingen. Es wird geschätzt, dass fast 30% aller Amerikaner bis zum Ende des Ausbruchs an der Grippe litten.

Es überrascht nicht, dass die Sterblichkeitsrate in den fortgeschrittenen Ländern niedriger war, aber da viele dieser Nationen am Ersten Weltkrieg teilnahmen, verbreiteten die Soldaten sie auch weit und breit. Großbritannien verlor eine Viertelmillion durch die Grippe, und fast eine halbe Million starb in Frankreich, einem Land, das es sich damals am wenigsten leisten konnte. Auch Kanada erlitt schätzungsweise 50.000 Todesopfer.

So schlimm es unter den westlichen Nationen war, so schlimm war der Tribut anderswo an Orten, die nicht so entwickelt waren. Japan erlitt Hunderttausende von Todesopfern, und in Britisch - Indien dürften bis zu 14 Millionen Menschen ums Leben gekommen sein. Staatsoberhäupter wie der brasilianische Präsident Rodrigues Alves starben, und während die Influenza typischerweise nur 0,1% der Menschen tötet, die weltweit an ihr erkranken, tötete die spanische Grippe schätzungsweise 20%.

Japanische Schülerinnen mit Masken im Jahr 1918

Angesichts der schrecklichen Ausmaße der Pandemie gab es keinen Zweifel daran, dass sich die betroffenen Menschen dauerhaft verändern würden. Cathryn Guyler erklärte, wie sich die Welt, die sie vor der Pandemie kannte, von der Welt, die sie später kennenlernte, unterschied: „Mein Vater war eigentlich ein Spielkamerad, und wenn er mit mir in seinem Auto unterwegs war, hielt er an einem Lebensmittelgeschäft, das er kannte, an und nahm mich mit, und der Besitzer des Geschäfts sagte in seiner weißen Uniform zu seinen Männern: 'Geht raus und schüttelt den Bonbonbaum, Jungs. Ich glaube, ich muss gewusst haben, dass Süßigkeiten nicht auf diesem Baum wuchsen, aber ich hätte die Idee nicht aufgegeben, denn er genoss sie, ich genoss sie, und alle genossen sie, verstehen Sie? Es war eine gute Welt, aber es war ein Zeitalter der Unschuld; wir wussten wirklich nicht, was vor uns lag. ... Als meine Mutter krank wurde, da wusste ich, dass wir in Schwierigkeiten waren. Ich wusste es nur aus dem Auge meines Kindes, und das Auge meines Kindes war fünf Jahre alt. Ich wollte mich in ihr Bett legen und es war nicht erlaubt, sie wollten auch nicht, dass ich krank werde, verstehen Sie? Und sie brachten ein kleines Bett in ihr Zimmer. Meine Mutter sah mich unglücklich in diesem kleinen Bett, das sie für mich reinbrachten, und steckte mich in ihr Bett, weil sie mich nicht unglücklich sehen wollte. Und natürlich bekam ich bei ihr prompt die Grippe, wie Sie sich vorstellen können, und das machte mir Spaß, bis es so schmerzhaft wurde.“

Eine der größten gesellschaftlichen Veränderungen, die sich aus dem Ausbruch ergab, war ein besseres Verständnis der Krankheitsübertragung, was in der Folge zu einer stärkeren Einbindung der Regierung in das tägliche Leben der Menschen führte, insbesondere im Zusammenhang mit Gesundheitsvorschriften. 1918 gab Rupert Blue, der Hauptsanitätsinspekteur des Public Health Services eine Proklamation heraus, in der es hieß: „In den meisten Fällen fühlt sich eine an

Grippe erkrankte Person ziemlich plötzlich krank. Er fühlt sich schwach, hat Schmerzen in den Augen, den Ohren, im Kopf oder Rücken, im Unterleib usw. und kann überall Muskelkater haben. Viele Patienten fühlen sich schwindelig... Normalerweise hält das Fieber drei bis vier Tage an, und der Patient erholt sich. Aber während der Anteil der Todesfälle in der Regel gering ist, ist der Ausbruch an manchen Orten schwerwiegend und die Todesfälle sind zahlreich...". Später kämpfte er dafür, die in Militärlagern untergebrachten Soldaten von der allgemeinen Bevölkerung fernzuhalten, wobei er darauf bestand, dass es „wichtig sei, dass die Grippe so weit wie möglich von den Lagern ferngehalten wird". Zu diesem Zweck muss sie als eine Krankheit anerkannt werden, die sich von den so genannten Erkältungen, Bronchitis, Kehlkopfentzündung, Kehlkopfentzündung, Schnupfen oder Schnupfen und Fieber, die uns ständig begleiten und von Zeit zu Zeit vorherrschen, unterscheidet und getrennt ist."

Gleichzeitig warnte Blue auch davor, Volksheilmittel auszuprobieren oder auf sie zu vertrauen, und räumte ein: „Der Gesundheitsdienst drängt die Öffentlichkeit, sich daran zu erinnern, dass es noch kein spezifisches Heilmittel gegen Grippe gibt und dass viele der angeblichen Heilmittel und Heilmittel, die jetzt von Nachbarn, Nostrum-Verkäufern und anderen empfohlen werden, mehr schaden als nützen." Tatsächlich vertraute Dr. Vaughan Anfang 1919 einem Freund an: „Wenn die Epidemie ihre mathematische Beschleunigung fortsetzt, könnte die Zivilisation leicht vom Erdboden verschwinden."

Glücklicherweise ging die Pandemie nicht weiter. Stattdessen brannte sie, ähnlich wie das hohe Fieber, das sie verursachte, im späteren Verlauf des Jahres 1919 selbst aus. Zu diesem Zeitpunkt war auch der Krieg beendet, was den Kriegsteilnehmern zumindest etwas Hoffnung für die Zukunft brachte. Natürlich machten sich viele weiterhin Sorgen um ihre Gesundheit, was dazu beitrug, aus dem Schlechten etwas Gutes zu machen. Vaughan, Blue und anderen gelang es, die Virulenz der Grippe zu nutzen, um den Kongress davon zu überzeugen, die Rolle der Bundesregierung in den lokalen Gesundheitsorganisationen auszuweiten und ein „zentralisiertes nationales Gesundheitsministerium mit weitaus größeren Befugnissen als die U.S.P.H.S. (United States Public Health Services) je zuvor zu schaffen..."

Gegen Ende seines Lebens blickte Dr. Vaughan auf das zurück, was er während der Pandemie gelernt hatte, und obwohl die Grippe Menschen aller Gesellschaftsschichten nicht verschonte, war ein gewisses Maß an Wahrheit in seiner Schlussfolgerung enthalten, dass die Grippe viele der Besten und Klügsten tötete. Er bemerkte: „Ich werde nicht auf die Geschichte der Grippeepidemie eingehen. Sie umzog die Welt, suchte die entlegensten Winkel auf, forderte den Tribut von den robustesten, verschonte weder Soldaten noch Zivilisten und zeigte ihre rote Fahne im Angesicht der Wissenschaft. ... Ich sehe Hunderte von jungen, robusten Männern in der Uniform ihres Landes, die in Gruppen von zehn oder mehr Personen auf die Stationen des Krankenhauses kommen. Sie werden auf die Kinderbetten gelegt, bis jedes Bett voll ist, und wieder andere drängen sich hinein. Die Gesichter tragen bald einen bläulichen Schimmer; ein quälender Husten bringt den blutbefleckten Auswurf hoch. Am Morgen werden die Leichen wie

Nabelschnurholz über die Leichenhalle gestapelt. Dieses Bild wurde 1918 auf meine Gedächtniszellen im Teilungskrankenhaus Camp Devens gemalt, als die tödliche Grippe die Minderwertigkeit menschlicher Erfindungen bei der Vernichtung menschlichen Lebens demonstrierte. ... Ein alter Schriftsteller schrieb bei der Beschreibung der Typhusepidemien in Irland und England, dass die Krankheit durch eine Gemeinschaft ging, so wie Sie oder ich durch eine Schafherde gehen würden, um die 'schönsten, gesündesten und lüsternsten' auszusuchen. Unsere Entdeckung stellte sich also als nichts anderes heraus als das Aufgreifen verloren gegangener Fakten. Diese Neigung bestimmter Infektionen, die robustesten abzutöten, wurde in den Lungenentzündungs- und Grippeepidemien des Weltkriegs bestätigt. Diese Krankheiten verbessern das Rennen nicht, indem sie die Untauglichen töten, wie Herbert Spencer glaubte, sondern sie zerstören wie der Krieg die Besten der Nation. Gelegentlich hören wir immer noch die Behauptung, dass die Ärzte die Rasse verletzen, indem sie das Leben der Untauglichen erhalten, die früher vor allem in der Kindheit durch Krankheiten getötet wurden.“

Bibliografie

Barry, John M. (2004). Die Große Grippe: Die epische Geschichte der größten Seuche der Geschichte. Der Wikingerpinguin.

Bristow, Nancy K. Amerikanische Pandemie: Die verlorenen Welten der Grippeepidemie von 1918 (Oxford University Press, 2012)

Bergmann, Richard (1974). Die Pest der Spanierin - Die Grippepandemie von 1918-19. USA: Atheneum.

Crosby, Alfred W. (1976). Epidemie und Frieden, 1918. Westport, Ct: Greenwood Press.

Crosby, Alfred W. (2003). Amerikas vergessene Pandemie: Die Grippe von 1918 (2 Hrsg.). Cambridge: Universität Cambridge: Presse der Universität Cambridge.

Duncan, Kirsty (2003). Auf der Jagd nach der Grippe von 1918: Die Suche eines Wissenschaftlers nach einem Killervirus (illustrierte Ausgabe). University of Toronto Press.

Honigsbaum, Mark. Leben mit Enza: Die vergessene Geschichte Großbritanniens und die große Grippepandemie von 1918.